아빠도 아빠가 처음이라서

고래아빠의 엄마행길 육아 이야기
아빠도 아빠가 처음이라서

부모되는 철학시리즈 05

초판 3쇄 발행 | 2018년 7월 30일
초판 1쇄 발행 | 2017년 4월 3일

지은이 | 정용선
발행인 | 김태영
발행처 | 도서출판 씽크스마트
주   소 | 서울특별시 마포구 토정로 222(신수동) 한국출판콘텐츠센터 401호
전   화 | 02-323-5609 · 070-8836-8837
팩   스 | 02-337-5608

ISBN 978-89-6529-157-2   03590

• 잘못된 책은 구입한 서점에서 바꿔 드립니다.
• 이 책의 내용, 디자인, 이미지, 사진, 편집구성 등을 전체 또는 일부분이라도 사용할 때에는
  저자와 발행처 양쪽의 서면으로 된 동의서가 필요합니다.
• 도서출판 〈사이다〉는 사람의 가치를 밝히며 서로가 서로의 삶을 세워주는 세상을 만드는 데 기여하고자 출범한,
  인문학 자기계발 브랜드 '사람과 사람을 이어주는 다리'의 줄임말이며, 도서출판 씽크스마트의 임프린트입니다.
• 원고 | kty0651@hanmail.net

이 도서의 국립중앙도서관 출판예정도서목록(CIP)은 서지정보유통지원시스템 홈페이지(http://seoji.nl.go.kr)와
국가자료공동목록시스템(http://www.nl.go.kr/kolisnet)에서 이용하실 수 있습니다.(CIP제어번호: CIP2017006409)

씽크스마트 • 더 큰 세상으로 통하는 길
도서출판 사이다 • 사람과 사람을 이어주는 다리

부모되는
철학시리즈
05

아빠도 아빠가
처음이라서

고래아빠의 엄마챙김 육아 이야기

임신부터 생후 3년 부모 자녀 성장기

글, 그림 **정용선**

추천의 글

멋진 아빠가 되고 싶다면 읽어야 할 남자의 필독서

"여학생들 사이에서 공부하는 게 어렵지 않겠어요?" 육군 장교 출신의 저자를 미술심리치료 대학원 면접에서 처음 만나 했던 질문이 기억납니다. 해외에서나 국내에서나 미술심리치료 대학원생은 주로 여성이며 남성인 경우 대부분 치료사로서 'good enough mother'의 역할을 할 유연함과 따뜻한 성품을 갖고 있습니다.

정용선 선생도 예외는 아니어서 편안하고 안전한 치료사로 성장하기 충분한 자질이 있었고, 대학원 과정에서 자신의 예술적 재능과 임상적 전문성을 융합하고 확장하여 치료사로서의 틀을 갖추어갔습니다. 이제는 마음의 상처를 입은 아동·청소년·대학생을 비롯해 도박중독으로 고통받는 성인과 그 가족 그리고 군인을 위해 미술을 활용하고, 작업을 통한 치료적 개입을 이루어내는 전문가로 자리매김하고 있습니다.

그러던 어느 날 저자로부터 "제가 부모가 되는 과정에 심리치료 공부가

많은 영향을 주었습니다"라는 메모와 함께 글과 그림이 도착했습니다. '내 첫 남학생 제자가 임신과 출산에 대한 책을 낸다고?' 정말 뜻밖이었습니다. 그러나 놀란 마음은 금세 따뜻한 글과 고래가족 삽화 사이로 이끌렸고, '아! 이제 정 선생이 자신의 길에 온전히 정착하는구나!'라는 반가움과 대견스러움으로 바뀌었습니다.

이렇게 담백하고 편안하면서도 진실한 사랑이 담긴 실용적인 아빠 육아서가 또 있을까요? 이 책의 유용한 점은 아빠가 되면서 저자가 느낀 생생한 경험에 더해 그 과정을 심리학적 이해의 창으로 연다는 것입니다. 부부가 부모로 거듭날 때, 《아빠도 아빠가 처음이라서》는 현실적 준비와 소통을 돕는 자료로 활용될 책입니다.

이 독특하면서도 자연스러운 '아빠의 임신·출산·육아 이야기'가 마음에 울림을 주는 이유는 전통적 육아 방식에서 목소리가 제외되기 쉬운 아빠가 아이 엄마를 한 개인이자 여성으로 이해하고 지지하는 섬세한 존재로

재조명되었기 때문입니다. 이 책에는 한 남성이 사랑하는 여인과 결혼해 임신, 출산을 거치며 아빠로서 자기를 이해하고 확장해가는 과정이 담겨 있습니다. 기꺼이 삶의 모든 순간에 의식적으로 깨어 있는 아빠가 기록한 아이, 아내와 함께 할 시간에 대한 희망과 기대 그리고 사랑의 고백은 결국 독자 모두가 원하는 행복이 아닐까 합니다.

마지막 페이지를 덮으며 이런 아빠의 사랑을 받으며 자랄 다은이가 무척 궁금해집니다. 아마 책 속에 나오는 갓난쟁이 노란 돌고래 '꾸미'를 통해 그 사랑스러운 성장과정을 지켜볼 수 있지 않을까 기대한다면 이제 막 첫 저서를 출간한 제자에게 부담을 주는 일일까요?

- 미국공인전문미술치료사·수퍼바이저,
서울여대 특수치료전문대학원 표현예술치료학과 교수 **김선희**

이 땅의 모든 덕선이 아빠에게

인기리에 방영된 〈응답하라 1988〉이라는 드라마 속에서 언제나 언니만 우선으로 여기는 부모에게 둘째 덕선이가 서러움을 토로하자, 아버지가 벌게진 눈으로 말한다. "아빠, 엄마가 미안하다. 잘 몰라서 그래. 첫째 딸은 어떻게 가르치고, 둘째는 어떻게 키우고, 막둥이는 어떻게 사람 만드는지 몰라서……. 아빠도 아빠가 처음이라……."

이 대목에서 많은 시청자가 함께 눈물을 훔쳤고, 나를 포함한 많은 아빠가 공감했다. 누구보다 아이들을 잘 키우고 싶지만 어떻게 해야 할지 몰라 방황하는 부모가 어찌 덕선이 아버지뿐이랴. 특히 아빠는 긴 세월 동안 임신과 출산, 육아와 교육에서 자의 반 타의 반으로 소외되었다. 어찌면 엄마에게 모든 짐을 떠넘긴 채 뒷짐만 지고 있었다는 말이 맞을지도 모른다.

나 또한 예외는 아니었다. 오랫동안 출산 현장을 지켜 왔지만, 정작 두 딸의 출생과 성장에서는 늘 한 걸음 뒤로 빠져 있었다. 그러다 자연주의 출산을 돕는 의사가 되면서부터 놀라운 경험을 하게 되었다. 스스로 공부하고 배우며 '아빠 되기'를 준비하는 아빠가 생각보다 많았다. 그들은 출산을 엄마만의 몫으로 떠넘기지 않고 스스로 기꺼이 주체가 되어 출산의 전 과정을 함께 보냈다. 온전한 출산 경험을 통해 그들은 아기와 함께할 미래도 매우 적극적이고도 주체적으로 그려 나갔다. 자신의 출산을 직접 그려 나간 수많은 아빠, 엄마는 내 삶의 모습까지도 변화시켰다. 저자도 주체적인 출산으로 나를 변화시킨 아빠 중 하나다. 아내에게 가장 든든한 출산 동반자였던 저자는 이제 '함께하는 육아'를 몸소 실천하는 아빠로 살아가고 있다.

이 책은 상담심리학 전공자의 관점과 현재 육아에 동참하는 아빠의 관점에서 출산과 육아의 방법론을 알려 주는 전문 서적이다. 한편으론 다른 아빠와 똑같은 고민을 하고, 똑같은 어려움과 기쁨을 느끼는 삶을 솔직하게 드러낸 에세이기도 하다. 독자는 '자녀를 어떻게 양육할 것인가'보다 '어떤 부모가 될 것인가'를 먼저 고민하게 될 것이다.

끝으로 《아빠도 아빠가 처음이라서》가 엄마 혹은 아빠 역할이 처음인 부모에게 친절한 가이드북으로써 여전히 출산과 육아에서 어떤 역할을 해야 할지 낯설어하는 이 땅의 모든 덕선이 아빠에게 자신감을 심어 주리라 믿는다. 때론 따뜻한 공감과 위로를 건네고, 때론 날 선 조언을 아끼지 않는 가까운 이웃 아빠의 역할을 해줄 수도 있으리라.

육아는 힘들다. 그러나 '돕는 사람'의 힘으로 내 삶의 가장 소중한 경험이 될 수 있다. 마치 출산의 길처럼.

– 메디플라워 산부인과·자연출산센터 원장, 《가족의 탄생》 저자 **정환욱**

아빠 준비의 시작은 나로부터

후회 없이 준비하려 하지만 누구나 만족스럽지는 않은 것. '부모 준비' 우리는 의도했든 그렇지 않았든 어느 날 '갑자기' 한 아이의 부모가 된다. 그러면 우리의 삶도 갑자기 바빠진다. 산부인과를 알아보고, 주변에 알리고, 태교를 해야 하고, 육아 준비도 해야 한다. 돈도 더 벌어야 하고……. 그러나 아무리 준비한다고 한들 완벽해질 수 있을까?

시중에 넘쳐나는 육아서적과 미슐랭 가이드의 육아 버전 같은 각 지역의 ○○맘 카페, 주변 지인이 알려주는 팁들. 정보가 범람하는 시대에 산다는 것은 오히려 초보 부모의 선택장애를 유발하는 것 같다.

'아빠로서' 무엇을 고민하고 걱정해야 하는지조차 모르는 시기에 이 책을 읽었다. 에세이 형식이라 금방 읽을 줄 알았는데, 생각보다 오랜 시간이 걸렸다. 한 문장마다 '나는? 내 아이에게는? 아내에게는?'이라는 생각이 들면서 책 속 아빠와 나를 계속 견주기도 하고, 공감대를 형성하기도 했기 때문이다. 다 읽은 시점에서 느낀 점은 심리학이란 참 훌륭한 학문이지만 학자명과 학술명은 역시 어렵다는 것과 아빠 준비의 가장 기본은 '나'로부터 시작한다는 것이다.

세상 모든 일 중에 전에 없었던 일은 하나도 없다. 다만 그 주체가 '나'라는 사실이 새로울 뿐이다. 이제 나를 찾고, 아내를 알고, 아이를 만나서 가정을 이루는 행복한 일만 가득하기를. 물론 내 품안에서 말이다. 아빠 병아리반……. 참 잘 썼다.

  – 지휘관을 3차까지 했지만 가장은 처음인 예비아빠, 대한민국 육군 대위 **최두영**

행복한 가장의 길을 찾아서

막상 아내가 임신을 하면 무엇을 도와주어야 하는지, 태어난 아이를 위해 아빠가 어떻게 해야 할지 몰라 우왕좌왕하는 남자들에게 저자는 보통의 남편이자 아빠가 알아야 하고, 해야 할 일들을 갓 겪은 체험과 근거 있는 탄탄한 이론을 바탕으로 풀어내고 있다.

《아빠도 아빠가 처음이라서》를 읽으며 아이만을 위한 육아가 아니라 아이보다 더 소중한 아내의 몸과 마음도 함께 보듬어줄 수 있는 행복한 가장의 길을 찾아서 무척 반가웠다.

  – 첫 육아에 허덕이는 30대 초보 아빠, 변호사 **이병재**

아빠 노릇의 철학과 기술

기다리던 책이 왔다. 평소 아빠의 이야기를 다시 쓰자고 말해왔던 내게, 이 책은 우리 시대가 요구하는 아빠 이야기로 읽힌다. 읽는 내내, 아빠 노릇을 처음하며 겪었던 고군분투가 떠올라 슬며시 미소가 지어지는 한편, 후회와 미안함도 더불어 올라왔다. 예비아빠, 초보 아빠에게는 아빠 노릇의 철학과 기술을, 아빠 노릇 졸업한 분들에게는 자녀와의 관계를 돌아볼 수 있는 성찰의 시간을 제공할 것이다.

  – 아빠학교협동조합 이사장 **신호승**

관계 없이는 부모 없다

'관계 없이는 부모 없다.' 두 아이를 키우면서 몸으로 깨달은 사실이다. 아무리 생물학적, 법적 연관이 있다고 해도, 결국 부모와 아이를 이어주는 건 관계의 경험들이다. 그런데 문제는 관계가 거저 생기지 않는다는 것이다. 시간을 쏟고 마음을 쏟아야 한다. 육아에서 아빠는 늘 보조자고, 아내에게 맡기는 일이라고 생각하던 시대는 지났다. 하지만 아이들에게 어떻게 시간을 쏟고 마음을 쏟아야 하는지 아빠들은 여전히 막막하다. 이 책이 반가운 이유다. 아이를 중심으로 펼쳐지는 관계 속에서 아빠의 자리를 온전히 만들어낼 수 있을 것 같다.

– 《인문학은 행복한 놀이다》 저자, 어쩌다 두 아이 육아를 맡아 우왕좌왕했던 전업작가
김무영

책 한 권으로 마스터하는 '육아의 정석'

세상의 모든 생명은 누군가의 자식이다. 놀랍지 않은가? 모든 존재가 누군가의 자식이라는 사실이! 말하자면 이 세상은 모두 자식들의 세상인 것이다. 자식들이 판치는 세상… 그래서 육아가 중요하고 교육이 중요하다고들 떠들어댄다. 그 많은 육아 서적, 그 많은 육아 전문가, 그 많은 육아 전문용품… 참 많고도 많다. 그럼에도 21세기의 육아는 더욱더 어렵고 힘들어지고 있다. 이때를 틈타 육아 전문가들은 모든 것을 전문기관에 맡기라고 유혹한다. 임신에서부터 출산, 육아, 교육에 이르기까지 모든 것을 훌륭한 육아기관에다 맡기면 된다는 자본주의적 육아관이 기승이다. 육아에 관심을 가지면 가질수록 이 수렁에 빠져들고야 마는 현실!
하지만 아이의 탄생과 성장만큼 중요한, 아니 더 중요할지도 모를 엄마와

아빠의 탄생과 성장에 대해서는 정작 소홀하거나 아예 빼먹고 있다. 부부가 사랑을 나누고 임신할 때부터 엄마와 아빠도 동시에 임신되는 것이며, 아이가 탄생하는 순간 엄마와 아빠도 동시에 태어나는 것이다. 그리고 육아가 시작되면서 엄마와 아빠도 육아되기 시작하는 것이다. 자녀와 부모는 동시에 태어나고 성장한다. 부모가 아기를 기르는 것이면서 아기가 부모를 기르는 것이기도 하다. 따라서 육아는 쌍방향의 공감이자 소통이며 연결이다. 가장 훌륭한 육아와 교육은 쌍방향 육아와 교육이다. 그 이상도 그 이하도 아니다.

《아빠도 아빠가 처음이라서》는 이러한 관점에서 쓰인 몇 안 되는 '육아 안내서'이면서 '부모 안내서'이다. 그 많은 육아 전문가와 육아 전문서적과 육아 전문용품보다 이 한 권의 책을 추천한다. 이 책만 마스터하라! '육아의 정석' '부모의 정석'으로 부족함이 없을 것이다.

- 금산 간디학교장 **태 영 철**

프롤로그

선물

두툼한 카드 봉투를 건네며 아내가 말했다.

"선물이야."

아내의 촉촉한 눈가는 이 안에 예사롭지 않은 무언가 담겨있음을 직감케 했다.
선명한 두 줄이 전하는 새 생명의 소식. 실감 나진 않지만 감격스럽고, 기쁘지만 소리 내 웃을 수만은 없는, 그런 오묘함 속에 먼저 아내를 꼭 안아주었다. 아내가 참았던 눈물을 흘렸다.
적지 않은 나이에 임신이 잘 될까 걱정하며 아이를 기다리는 한편, 과연 부모가 될 준비가 되었을까 막연한 의문을 품어온 우리였다.

"잘 키울 수 있을까?"

모르는 게 뭔지조차 모를 때의 막연함 속에서 남편으로서, 예비아빠로서 내가 할 수 있는 일은 아내의 불안을 담아주고 든든히 버텨주는 것뿐이었다. 내가 작은 불안이라도 드러낸다면 아내의 마음엔 뭔가 실수라도 한 것 같은 불편함이 피어날 것이다. 기쁘고 감사한 이 순간, 나는 작은 얼룩 조차 묻어나지 않기를 바랐다.

"그럼 잘할 수 있을 거야."

아무런 근거도 없었지만 그래도 아내와 스스로를 다독이고 격려했다. 그렇게 설렘과 기대, 걱정과 불안 사이에서 우리는 부모가 되어가는 여정의 첫발을 내디뎠다.

목적지 없는 육아의 막막함

갑작스럽게 부모 명찰을 달고, 우리는 육아에 대한 깊은 고민에 빠졌다. 크고 작은 경험 하나하나가 소중한 우리 아이의 몸과 마음에 영향을 준다 생각하니 산부인과부터 산후조리원, 카시트, 유모차, 신생아용 손수건 한 장에 이르기까지 그 무엇도 가벼운 선택이 없었다.
선배 부모들의 이야기를 듣다 보면 태어나지도 않은 아이의 조기교육과 진로, 까마득한 미래의 극단적인 상황까지 떠올라 걱정은 금세 몇 배로 불었다. 누구 말처럼 첫 아이를 맞이하는 엄마, 아빠는 모두 한 살짜리 부모이기에 육아와 관련한 그 무엇에도 자신감이 생기지 않았다.

어둡고 생소한 미로의 지도를 얻고자 우리는 서점으로 갔다. 대형 서점 한편에는 수없이 많은 육아서가 책장을 가득 메우고 있었다. 엄마의 고단함을 생생하게 전하는 에세이부터 아이를 영재로 키우는 비법과 각종 전문지식이 담긴 육아서까지, 육아 정보는 차고도 넘쳤다.

그러나 헤아릴 수 없이 많은 이정표는 우리를 더 혼란스럽게 만들었다. 마치 서로 다른 길을 안내하는 내비게이션 수십 대를 켜두고 운전대를 잡은 것만 같았다. 어느 것 하나 틀린 길은 없었지만 문제는 우리가 어디로 가야 할지를 모르고 있다는 사실이었다. 몇 권의 책을 집었다가 결국 다시 내려놓고 서점을 빠져나왔다. 길을 찾기에 앞서 우리에게는 행선지가 필요했다.

잘 자란 아이란 어떤 아이일까?

집으로 돌아가는 지하철에 올라서야 우리는 목적지에 대한 대화를 나누기 시작했다.

"당신은 우리 애가 어떻게 컸으면 좋겠어?"
"음…… 잘?"
"잘 크는 게 어떤 건데?"
"그냥… 주변에 보면 잘 큰 애들이 있잖아. 그렇게 키워야지."
"그러니까 잘 큰 애가 어떤 애냐구~"

초보 부모에게는 육아서 하나를 고르는 일도 참 어려운 숙제다. 큰 맘 먹고 서점에 왔으니 한두 권 정도는 사들고 나가야 할 것 같은 기분이 들지만 막상 결정을 내리기가 힘들다. 이유는 하나다. 아직 자기에게 무엇이 필요한지 파악을 못했기 때문이다. 아이를 잘 키우는 방법을 공부하기에 앞서 초보 부모에게는 '잘 자란 아이란 도대체 어떤 아이인가'를 정의해 보는 시간이 필요하다.

어떤 부모는 아이가 도전적이고 진취적이기를 바라지만 어떤 부모는 안정을 최우선으로 여긴다. 아이의 이타적인 모습에 흐뭇해하는 부모가 있는 반면 남에게 피해만 주지 않는다면 자기 행복을 더 잘 챙겨야 한다는 부모도 있다. 모든 것을 다 갖춘다면 고민할 필요도 없지만 아이를 키우다 보면 A와 B 중 한쪽에 더 무게를 실어야만 하는 선택의 순간이 반드시

찾아온다. 그리고 이때 부모가 내리는 결정에 따라 아이는 그 방향으로 나아갈 것이다.

육아에 목적지가 생기면 자연스레 가는 길을 묻고 지도를 얻을 수 있다. 언젠가는 아이 스스로 자기만의 길을 찾아 나설 날도 오겠지만 그때까지 길잡이가 되어줄 수 있는 건 이 세상에 오직 두 사람, 부모인 우리뿐이다. 단순히 직업이나 능력에 국한하지 않고 존재 전반을 아우르며 육아 방향을 결정하기란 상당히 조심스러운 일이다. 부부 사이에 꾸준한 대화로 합일점을 찾아야 하고, 주변에 조언을 구해야 하며 마지막으로 또 한 사람, 배 속에 있는 아이에게도 귀를 기울여야 한다. 우리 부부도 아이의 이야기를 듣고자 질문을 던졌다.

'아이야, 너는 어떤 사람이 되고 싶니?'

아이의 답을 기다리는 순간, 옆에서 아주 귀여운 소녀의 목소리가 들려왔다.

"자기야 아~"

서너 살쯤 되어 보이는 아이의 목소리에 지하철 안 모든 이의 눈과 귀가 집중되었다. 아이를 안고 있던 엄마의 귀가 빨갛게 익었고, 어쩔 줄 몰라 하는 아빠의 모습이 웃음을 자아냈다. 텁텁했던 지하철 안의 공기가 유쾌하고 따뜻해졌다.

부모를 비추는 가장 투명한 거울

아마도 저 집에서는 엄마가 아빠에게 저렇게 음식을 자주 먹여준 모양이다. 문득 어디선가 읽었던 문장이 하나 떠올랐다. '아이는 부모를 비추는 가장 투명한 거울이다.'

그렇다. 정말로 아이는 부모를 있는 그대로 비춰준다. 아이는 부모가 하는 말과 행동, 분위기와 감정, 심지어 자는 모습까지도 거짓말같이 닮는다. 오감을 통해 24시간 부모를 배우고, 부모에게서 전이된 감정으로 주된 정서를 채우기 때문이다. 이제는 반대로 아이가 우리에게 질문을 던진다.

'엄마, 아빠는 어떤 사람이에요?'

자기가 닮아갈 부모가 어떤 사람들인지 궁금해하는 아이의 물음은 제법 일리가 있다. 그러나 좀처럼 그 답이 입 밖으로 나오지 않는다. 나에 대한 정리도 제대로 못 한 채 태어나지도 않은 아이를 어떤 사람으로 키울지 고민하는 상황이 아이러니했다. 우여곡절 답을 한다 해도 아이는 다시 한 번 물을 것이다.

'제가 엄마, 아빠를 닮아도 괜찮을까요?'

책을 멀리하는 부모 곁에서 자란 아이가 책을 즐길 리 없고, 사랑할 줄 모르는 부모에게서 자란 아이가 사랑에 능할 리 없다. 아이가 행복하길 바란다면 부모가 먼저 행복할 줄 알아야 하고, 친구들과 사이좋게 지내길 바란다면 부모가 먼저 어울림에 익숙해져야 한다. 아이는 언제나 부모의 발자취를 그대로 뒤따라온다.

결국 부모가 되는 시간은 아이의 미래와 우리를 연결 지으며 자신을 돌아보는 데서 시작한다. 그리고 나는 그 첫 단추를 끼우는 역할이 아빠의 몫이라 생각한다.

엄마를 돌보는 아빠의 간접 육아

우리 부부는 자신을 돌아보고 정리하는 것으로 부모 됨을 시작했다. 특히 엄마는 이미 임신과 출산 준비로 몸과 마음이 분주했기에 초보 부모로서 생각해볼 화두를 던지는 일은 상대적으로 여유로운 아빠의 몫이었다. 때로는 우리 아이가 닮을 자기에 대해 진지하게 숙고하며 의견을 나눴고, 또 때로는 함께 행복한 가족상을 그리며 서로를 응원했다. 단 하루도 아내 대신 아이를 품을 수 없었기에 그렇게라도 부모가 되는 과정에 동참하고 있음을 알리고, 혼자가 아니라는 메시지를 전하고 싶었다.

출산할 때도 마찬가지였다. 아내가 죽음에 비견되는 고통을 견디는 사이 나는 그저 아내의 손을 꼭 잡아주고, 안아주며 함께 마음 아파하는 것 말고는 할 수 있는 게 없었다.

결국 임신부터 출산까지 아빠에게 부여되는 가장 큰 역할은 '엄마 돌보기'였다. 엄마의 컨디션이 좋으면 그 영향이 고스란히 아이에게 전달되기에, 그것이 간접적으로나마 할 수 있는 최선의 아빠 육아이기도 했다.

아빠가 육아에 직접 참여할 수 있는 시기는 출산 이후다. 나 역시 출산휴가를 낸 이틀 동안 엄마 못지않게 아이를 품에 안고 재우며 의욕적으로 육아에 참여했다. 그러나 다시 출근을 하면서 상황이 급변했다. 직장생활을 하며 아이를 돌볼 수 있는 시간은 기껏해야 하루에 두어 시간뿐이었다. 물론 그마저도 어려운 날이 많았다.

함께하는 시간이 짧아졌음에도 불구하고 한동안은 아이가 엄마, 아빠 구분 없이 편안함을 느끼는 듯했다. 그러나 5, 6개월을 지나면서 아이는 점차 엄마 품을 더 찾고, 엄마에게 밀착했다. 처음엔 그런 아이에게 서운하기도 했다. 하지만 하루 대부분을 엄마와 보내는 아이에게는 그게 너무나 당연한 일이었다. 또, 엄마가 아이 곁을 든든히 지키고 있다면 굳이 아빠가 그 자리를 넘볼 이유도 없었다. 애초에 생후 1년 반까지는 아이 마음에 주양육자가 둘이나 들어갈 여유 공간이 없다. 아이가 한 사람을 주양육자로 선택하면 나머지 사람들은 자연스럽게 보조양육자로 임명되는 것이다.

그렇다면 굳이 주양육자가 되려고 억지 부릴 필요 없이 보조양육자 역할에 충실한 편이 낫겠다는 생각이 들었다. 보조의 역할은 주양육자인 엄마가 잠시 자리를 비운 사이 아이를 돌보며 놀아주고, 목욕을 도와주는 정도라고 생각했지만 막상 해보니 보조양육자 중에서도 아빠에게는 한 가지 더 중요한 임무가 있었다. 임신·출산기와 마찬가지로 온종일 아이와 함께하는 엄마를 돌보는 일이었다. 그날 이후 나는 아이와 한 시간을 보내면 30분은 아내와 대화를 나눴다.

물론 아이의 몸과 마음이 자랄수록 아빠의 직접적인 역할도 늘어난다. 그러나 생후 초기 작은 불편에도 금세 괴롭고 두려워지는 아기에게 재깍재깍 배를 채워주고 기저귀를 갈아주는 엄마는 유일한 생명줄이자 세상 그 자체와 같다. 아빠에게는 그 세상을 풍요롭게 만들어줄 의무가 있다.

이 책은 육아를 시작하며 반드시 다져야 할 초보 부모의 철학적 기틀과 임신·출산·생후 초기 육아의 기본을 다루는 입문서다. 특히 엄마가 주양육자가 되고 아빠가 보조양육자가 되는 가장 보편적인 구조를 기준으로 엄마를 조력하고 보살피는 아빠 역할을 시기별로 조망했다. 이 책으로 아빠들이 엄마의 고단함을 조금 더 이해하고 공감할 수 있기를 바라고 동시에 엄마가 그런 아빠의 노력을 발견해주길 기대한다.

1장에서는 우리 부부가 했던 것처럼 부모가 자신을 탐색하고 육아의 방향을 설정해가는 과정을 담았다. 2장에서는 우리가 경험한 임신과 출산을 에세이 형식으로 서술해 예비부모들에게 생생한 간접 경험을 제공하고자 하였다. 또한 최근 주목받고 있는 자연주의 출산을 소개하고 체험 후기를 수록했다. 3장부터 4장까지는 아이의 신체적·심리적 발달 과정과 성장상의 특징을 담았다. 특히 애착 이론과 분리-개별화 이론을 중심으로 근본적인 신뢰감의 형성과 사회화 과정을 자세히 다루었고, 저자가 심리상담사로서 여러 부모, 자녀를 만나며 정리한 공감과 훈육의 방법을 기술하였다. 마지막으로 5장에서는 확장해가는 아이의 세계에 중요한 영향을 미치는 관계와 교육 등을 덧붙여 설명했다. 아동 발달에 관련된 다양한 심리학 이론은 개론 수준에서 책 전반에 걸쳐 기반을 다지는 데 활용하였고, 고래가족 Q's family 삽화를 통해 편안하고 따뜻한 감성을 전하고자 했다.

결혼을 할 때도, 부모가 될 때도 주변 선배들은 하나같이 한숨을 내쉬며 좋은 면은 감추고 힘든 면만 보여주려 애썼다. 어떤 사람들은 겁을 주며 굳이 기대를 꺾고 불행한 미래를 예견하기도 했다. 겪어 보니 그 말대로 고된 날도 있지만 비할 수 없을 만큼 행복한 순간이 훨씬 더 많다. 그래서 이 책을 통해 가정을 꾸리고 부모가 되어갈 많은 이들에게 전하고 싶었다. 당신의 선택이 옳다고. 때로는 실수해도 괜찮다고. 결국 당신은 잘해 낼 거라고.

차례

추천의 글 • 4
프롤로그 선물 • 12
고래가족 큐스패밀리 소개 • 26

1장 부모가 되기 전 자기 돌보기
게슈탈트 심리학을 중심으로

자기를 모르는 부모는 아이도 모른다 • 31
엄마, 아빠는 내 첫인상이 어땠어요? • 35
  마음을 채우는 다양한 감정 정리하기
있을 건 다 있는데 뭔가 허전해요 • 42
  감춰져 있는 진짜 소망 찾기
부모의 가치관 돌아보기 • 48
엄마, 아빠는 앞으로 어떤 사람이 되고 싶어요? • 50
  그저 그런 나를 받아들이는 시간
세상과 아이 사이를 중재하는 특별한 임무 • 54
  정작 내 아이 마음에 공감할 줄 모른다면
  부모라는 이름의 무게
아빠생각 • 60

2장 임신기 엄마 돌보기
자연주의 출산을 중심으로

엄마가 되는 시간 • 65
  임신 초기 신체와 생리적 변화
  임신 초기 호르몬과 정서의 변화

임신기 엄마 돌봄의 시작 • 69
임신기 엄마 마음 돌보기 • 72
    행복도 연습이 필요해
임신기 엄마 몸 돌보기 • 76
    임신기 식단·운동·영양
난 여기서 잘 크고 있어요 • 81
임신 후기 엄마의 두려움 돌보기 • 83
    엄마, 아빠, 아기가 주체가 되는 자연주의 출산
출산 소식과 준비물 • 87
    만나서 반갑습니다
아빠생각 • 94

3장 생후 1년 엄마와 아이 돌보기
볼비의 애착이론을 중심으로

살얼음처럼 여려진 엄마의 산후우울증 • 99
    먹고 자고 싸는 갓난아기 돌보기
    엄마, 아빠 잘 못해도 내가 봐줄게요
모유로 고민하는 엄마 • 108
    이해하는 아빠 vs 공감하는 아빠
    모유와 분유에 대한 연구의 반전
아기가 나와 다른 기질을 타고났다면 • 115
    아이와 육아의 하모니
타인과 세상, 자기에 대한 믿음은 엄마로부터 • 121
생후 1년 건강한 애착 다지기 • 124
    애착이 생기는 과정
아빠생각 • 130

4장   생후 3년 아이가 보내는 신호들
분리 개별화 이론과 자기심리학을 중심으로

생후 24개월 미리보기 • 135
부모와 자녀의 관계 변화 • 141
    생후 10개월, 독립을 연습하다
    아니야, 내가 할 거야, 엄마 미워
자기주장이 생기는 아이 • 149
    아이의 성 본능 다루기
    아이의 공격성 다루기
옹알이와 잔소리 • 155
배변 가리기 미션 • 158
    배변 훈련에서도 아이와 한 팀이 되길
자기를 사랑할 줄 아는 아이 • 164
    의미 있는 좌절은 성장의 계기가 된다
    지나친 좌절로부터 아이 보호하기
생후 3년 훈육의 시나리오 • 174
    생후 3년 부모의 기준 세우기
    훈육에 대처하는 부모의 자세
훈육의 단계 • 182
    1단계 실수와 잘못의 구분
    2단계 잘못에서 거리두기
    3단계 잘못을 돌려보기
    4단계 반응 결정하기
    5단계 훈육하기

아빠생각 • 190

5장 더 큰 생각으로 통하는 길
아들러 심리학과 인간중심 심리학을 중심으로

똑같이 키워도 다른 아이들 • 195
　첫째 아이
　둘째 아이
　막내
부모와 경쟁하며 성장하는 아이 • 201
책으로 아이의 마음 읽기 • 205
유치원부터 시작되는 학습 • 209
아이의 또래 관계 • 214
　따돌림 당하는 아이
　우리 아이도 가해자가 될 수 있다
아이를 성장으로 이끄는 부모의 시각 • 221
　근거 있는 자신감 다지기
초보 부모의 또 다른 역할 • 225
　대물림되는 부모와 자녀의 관계
　좋은 부모 되기에 마감은 없다

아빠생각 • 234

에필로그 가족의 의미 • 236
참고문헌 • 242

고래가족 큐스패밀리 소개

흰수염고래 꾸빠(QUPA)

아빠 고래 꾸빠는 평소에는 온화하나 가족을 위해서라면 물불을 가리지 않는 흰수염고래입니다. 화가 나면 수염이 하얗게 변하죠.

핑크고래 꾸마(QUMA)

엄마 고래 꾸마는 완벽하진 않지만 가족을 사랑하고, 아이들을 위해 늘 노력하는 따뜻한 엄마입니다. 가끔은 자기 삶도 즐길 줄 아는 엄마예요.

범고래 꾸루(QURU)

호기심 많은 5살 꾸루는 돌발행동으로 가끔 엄마, 아빠를 당황시키지만 알고 보면 마음 여린 사랑스러운 개구쟁이입니다.

돌고래 꾸미(QUMI)

막내 꾸미는 귀엽고 사랑스러운 갓난쟁이 노란 돌고래입니다. 아빠를 딸바보로 만드는 애교가 많은 딸이지요.

부모가 되기 전 자기 돌보기

게슈탈트 심리학을
중심으로

1

육아는 명령어를 집어넣으면 결과가 산출되는 자동화 시스템이 아니다. 똑같은 레시피로도 누가 만드느냐에 따라 완전히 다른 요리가 완성되듯이 같은 책을 보고 육아를 하더라도 누가 하느냐에 따라 아이의 미래는 극명히 달라진다.

방법보다는 부모가 아이 곁에 어떤 모습으로 존재하는지가 더 중요하다. 주체성이 있는 아이를 키우고 싶다면 부모가 먼저 자기 삶의 주인이 되어야 하고, 자존감 있는 아이를 키우고 싶다면 부모 스스로 자기를 존중할 줄 알아야 한다. 부모가 중심을 잡지 못하는 육아는 끊임없이 흔들린다.

이 장에서는 육아의 기초를 다지기 위해 먼저 스스로에게 초점을 맞추고 돌아보는 시간을 갖고자 한다. 자기 정리가 선행되어야만 우리는 비로소 그다음 단계인 어떤 부모가 될지, 어떻게 아이를 키울지 계획할 수 있다. 자기를 잘 모르는 부모는 평생 키운 제 자식도 모른다. 진짜 자기를 만나는 과정이야말로 부모가 되는 첫걸음이다.

자기를 모르는 부모는
아이도 모른다

인생은 B와 D 사이의 C라는 말처럼 우리의 생과 사는 끊임없는 선택으로 연결되어 있다. 선택의 주체는 당연히 나여야 하지만 살다 보면 종종 결정권을 손에서 놓칠 때도 있다. 내 삶의 주인이 내가 아닌 경우가 생기는 것이다.

주체적으로 양보를 '선택한' 사람은 아쉬움을 금세 털어내지만 외압에 못 이겨 '포기한' 사람은 그 좌절감과 실망감이 오래도록 마음에 남는다. 그것이 쌓이면 어느 순간 분노나 한(恨)으로 변질되어 작은 자극에도 예민한 반응이 툭툭 튀어나온다.

더 나아가 포기를 반복해 습관이 돼버리면 삶을 주도적으로 이끌어가는 주체성 자체를 잃어버린다. 수동적인 태도가 몸에 밴 사람은 자기가 무엇을 좋아하고 원하는지 자각하지 못하고, 자각하더라도 표현하기가 어렵다. 그것이 음료나 메뉴를 선택하는 일이라면 대수롭지 않지만 자기

인생이나 아이의 장래가 걸린 문제라면 이야기는 달라진다.

자신의 진짜 감정과 욕구에 접촉하지 못하는 사람은 직업적인 성공을 거두거나 타인의 눈에 그럴듯해 보이는 삶을 살더라도 종종 실체를 알 수 없는 공허감에 빠진다. 이들은 진정한 자신으로 존재하기가 어렵고 자기 삶을 주도적으로 이끌어가지 못한다.

이들에게는 '진짜 나'로 존재해보려는 시도와 노력이 필요하다. 내가 느끼는 것에 집중해 자기 감정과 접촉하고, 진정으로 원하는 바를 자각해야 한다. 게슈탈트 심리치료에서는 이 과정을 '알아차림'이라 부른다.

게슈탈트 심리치료는 독일의 정신과 의사 프릿츠 펄스(Friedrich S. Perls)가 창시했다. 게슈탈트란 '형태' '형상'을 뜻하는 독일어로, 게슈탈트 심리치료에서는 감각을 통해 지각된 감정과 욕구가 통합되어 하나의 전체적 형상을 이루었을 때 이를 가리켜 '게슈탈트가 형성되었다'고 표현한다. 아이의 장래를 걱정하며 좋은 육아서를 찾아보는 것이나 아이의 건강을 우려해 영양제를 사려는 것은 각각의 게슈탈트가 형성된 사례이다.

여러 게슈탈트 중 지금 이 순간 가장 중요하고 시급한 게슈탈트가 전경에 떠오르면 나머지 게슈탈트는 중간층이나 배경으로 밀려난다. 가령 아이의 영양제를 사기 위해 인터넷 서핑을 하던 중 탄내가 나며 주방에서 연기가 피어오르면 그 순간 영양제를 사려는 게슈탈트는 전경에서 물러나고 불안한 감정과 안전을 지향하는 욕구가 통합된 게슈탈트가 전경에 떠오른다.

그러나 불을 끄느라 갑자기 주방으로 달려온 엄마는 주문을 완료하지 못한 영양제에 정신을 뺏겨 요리에 집중하지 못하고 결국 간 조절에 실패한다. 이처럼 완결되지 않은 미해결 게슈탈트는 중간층에 남아 다른 게슈탈트가 전경에 떠오르고 해소되는 과정을 방해한다.

게슈탈트의 형성은 알아차림에서 시작한다. 앞서 언급했듯 신체감각을 통해 감정과 욕구를 자각하고 통합된 이미지, 즉 게슈탈트로 형성하는 과정이 알아차림 단계에서 이루어진다. 게슈탈트가 전경에 떠오르면 이를 해소하기 위해 주변 환경을 파악하고 적절한 행동을 취해야 한다. 그렇게 환경과 접촉하며 해소된 게슈탈트는 배경으로 물러난다. 그리고 휴식을 취하는 사이 새로운 게슈탈트가 전경에 떠오르고, 그럼 다시 이를 해결하려는 행동과 환경 접촉이 일어난다.

육아로 예를 들면 이해가 쉽다. 아이를 어떻게 키울지 고민하다 보면 뒷목이 뻐근하고 미간이 찌푸려진다. 신체로 느껴지는 불편한 감각으로부터 걱정과 불안을 자각하고 뭔가 방법을 찾아야겠다는 욕구를 느낀다면 게슈탈트를 전경에 떠올리는 알아차림 단계가 일어난 것이다. 게슈탈트를 해소하기 위해 엄마, 아빠가 인터넷이나 책에서 정보를 얻고 좋은 부모가 되려고 노력하는 과정은 주변 자원을 파악하고 환경과 접촉하는 단계다. 그렇게 방향을 찾고 마음이 안정되면 육아 고민을 해결하기 위한 게슈탈트가 전경에서 배경으로 사라진다.

알아차림-접촉 과정은 끊임없이 반복된다. 주기가 원활한 사람은 자기인식과 역할수행이 수월하며 삶의 주권을 놓치지 않는다. 이들은 남에게 손해를 끼치지 않으면서도 자기 욕구를 충족할 방법을 잘 알고 지금-여기(here & now)에 온전히 존재한다. 게슈탈트 치료에서는 자기 자신과 주변 상황을 잘 인식한다면 누구나 잠재력을 발휘해 삶의 여러 문제를 해결할 수 있다고 여긴다. 긍정적인 결과는 이상적인 타인을 따라 할 때보다 감정과 욕구를 자각하고 표현하며 진정한 나로 존재할 때 얻어진다.

    그런 면에서 우리에게는 너무나 좋은 기회가 찾아왔다. 곧 태어날 우리 아기가 지금 이 순간에도 풍부한 감정과 자연스러운 욕구를 불러일으키고, 부모로서 어떤 주체적인 결정을 할 것인지 질문을 던져주기 때문이다.

엄마, 아빠는
내 첫인상이 어땠어요?

"엄마, 초음파실로 들어오세요. 아빠는 여기서 기다리시면 됩니다."

첫 산부인과 진료일. 아내가 검사를 받는 동안 진료실에 앉아 커튼 너머로 귀를 기울였다. 의사의 질문에 아내가 답하는 소리가 어렴풋이 들렸지만 알아들을 수가 없었다. 테스트기로 확인했지만 혹시나 임신이 아니면 어쩌나 불안한 마음에 가슴이 두근거렸다. 잠시 후 자리를 정리하는 소리에 나는 재빨리 자세를 가다듬었다. 상기된 얼굴로 미소를 짓는 아내에게 웃음으로 화답했지만 여전히 심장은 빠르게 뛰고 있었다.

"임신이 맞고요, 여기 보시는 것처럼 착상이 잘 되어 있습니다. 4주차 정도 생각하시면 되고요, 예정일은 6월 10일이겠네요. 12주까지는 상당히 주의하셔야 합니다. 아시겠어요?"

"축하합니다. 임신입니다"라며 밝게 웃어주는 드라마와는 달랐지만 의사의 소견에 마음이 한결 편안해졌다. 이어서 담당의는 몇 가지 주의 사항을 일러주었다.

"먹는 거 골고루 잘 챙겨 드시고, 날 거 먹지 말고 잘 익혀 드세요. 엽산은 먹고 있죠? 부족하면 태아에게 기형이나 질병이 생길 수 있으니까 잘 챙겨 드시고요, 오메가3도 산모랑 아이에게 좋으니까 사서 드세요. 아시겠어요? 비타민은 잘못 먹으면 더 안 좋습니다. 식사 골고루 잘하시고 햇볕 자주 쐬주면 따로 챙겨 먹지 않아도 됩니다. 아시겠어요?"

첫 담당의는 말미에 늘 "아시겠어요?"라는 말을 붙였다. 그래서 우리는 이 분을 '아시겠어요 선생님'이라 불렀다. 아시겠어요 선생님은 임신 초기 유의사항을 안내해주며 입덧을 시작했는지 체크했고, 한 달 간격으로 진료하지만 중간에라도 배가 많이 아프거나 출혈이 있으면 방문하라고 했다.

"12주까지는 부부 관계를 안 하는 게 좋아요. 그 후에는 막달까지 관계를 하셔도 괜찮습니다. 엄마, 무거운 짐 들거나 너무 오래 서있지 말고, 불편하면 그냥 쉬어요. 당분간은 엄마가 힘드니까 아빠가 잘 챙겨줘야 합니다. 아시겠어요?"

첫 번째 진료를 마치고 돌아오는 길, 우리는 초음파 사진 속 하얀 점을 다시 마주했다. 마치 이 작은 점이 우리에게 인사를 건네는 것 같았다.

'엄마, 아빠, 안녕! 나를 처음 만난 기분이 어때요?'

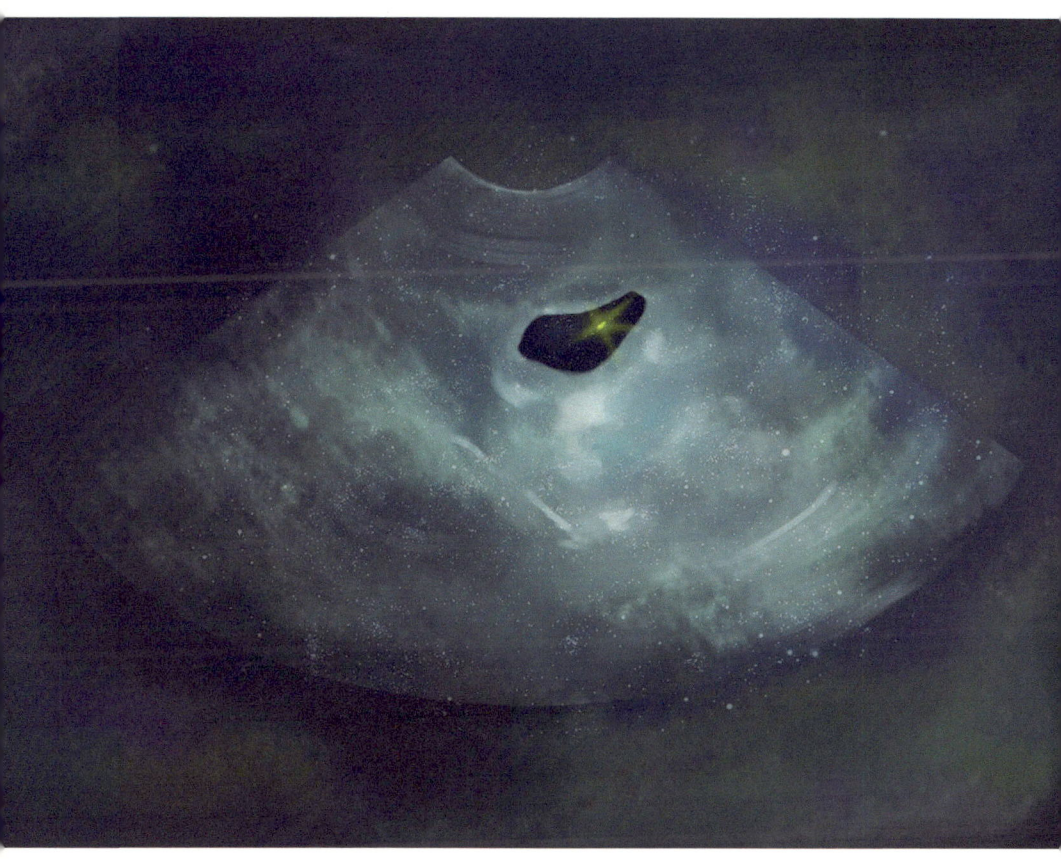

마음을 채우는 다양한 감정 정리하기

감정을 느끼고 표현하는 데 익숙지 않은 사람은 아이의 물음에 단순히 '좋다'는 말밖에는 떠오르지 않을 것이다. 그러나 마음이 한 가지 감정으로만 채워지는 경우는 드물다. '좋다'는 한마디에 설렘과 기대, 불안이 섞이기도 하고 '짜증' 한 단어에 화와 슬픔, 좌절감이 어우러지기도 한다. 무의식적으로 감정에 엮인 생각이나 신념, 사건이 떠올라 또 다른 감정이 일어날 수도 있다.

생각은 가끔 나를 속이고, 사건은 시간이 지나면 흐려지지만 감정만은 오랜 세월이 흘러도 가슴에 남아 진짜 자기를 만나게 해준다. 행복했던 순간이든, 가슴이 찢어져라 아팠던 순간이든 수년이 지나 회상했을 때 떠오르는 것은 그 순간 나눈 대화가 아니라 강렬했던 감정이다. 결정적인 순간에 마음을 움직이는 것도 감정이고 누군가와 깊은 관계를 맺는 일도 감정 없이는 불가능하다.

아이의 첫인사를 받고 느끼는 기분 좋은 감정에는 새 생명이 주는 두근거림과 뭉클함이 배어있었다. 그림을 그린다면 노란 빛깔의 뭉게구름 사이에 연두색 새싹을 그려 넣어줬을 것이다. 저 멀리에는 앞으로 일어날 다양한 일을 상상하며 오색빛깔 무지개도 그려주고 싶었다.

아내의 배 속에 새 생명의 씨앗이 발화해 우리와 부모-자녀의 연을 맺음이 낯설고 신기했다. 물론 여전히 해결되지 않은 현실적 문제들과 부모가 될 준비가 부족하다는 걱정이 남아있었지만 이를 감당하고 이겨내려는 책임감이 더 컸다. 사랑하는 사람과 이 순간을 함께 맞이할 수 있음에 감사했고, 앞으로 이 아이와 보낼 시간을 상상하며 마음이 들떴다.

감정 자각엔 노력이 필요하다. 순간순간 마음을 채우는 다양한 색의 감정을 천천히 그리고 충분히 느껴보는 것이다. 기분이 좋건 나쁘건 그 안에 어떤 감정들이 섞여 있는지, 무엇이 그런 감정들을 불러일으켰는지 자세히 들여다봐야 한다. 그래야 진짜 나를 만나고 나라는 사람이 언제, 무엇으로 인해, 어떤 감정을 느끼는지 이해할 수 있다.

감정 자각이 어려운 사람은 기분이 가라앉을 때마다 자기가 우울한지, 불안한지, 짜증이 나는지, 화가 나는지 정확히 구분하지 못한다. 그럴 때 옆에서 누군가 "왜 그래?"라고 물으면 저도 모르게 "아, 몰라!"라며 공격적인 말이 툭 튀어나온다.

어쩔 수 없다. 정말로 왜 그런지 이유를 모르기 때문이다. 기분은 안 좋고 예민한데 자기도 스스로를 이해할 수 없으니 답답하고, 그 답답함이 불안과 짜증을 배가해 작은 자극도 편히 넘어갈 수 없게 만든다.

부실한 자기 자각이 반복되면 서운할 때도 화를 내고, 불안할 때도 화를 내고, 짜증이 날 때도 불같이 화를 낸다. 서운함을 서운함으로 인식하고 표현하지 못하기에 관계에서는 자꾸만 오해와 갈등이 생긴다.

아이와도 마찬가지다. 아이는 세상에 대한 개념이 없어서 위험한 줄 모르고 무모한 행동을 저지른다. 놀라고, 당황하고, 걱정하는 것은 매일 반복되는 부모의 일상이다. 그런데 어떤 부모는 그럴 때마다 화를 내고 아이를 혼낸다.

정말 화가 날 법한 상황에서 화를 내야 하는데 잠시 눈에 보이지 않는 아이가 걱정이 되어도 화를 내고, 무슨 일이 생겼을까 불안할 때도 화를 내고, 부모 마음을 몰라줘 서운할 때도 화를 내니 결국 아이에게 부모는 늘 화가 나 있는 모습으로 각인된다.

아이의 성장은 우리 생각보다 빠르다. 어려도 부모의 사랑을 느끼고, 그런 부모에게 걱정을 끼칠 때면 마음이 불편해진다. 화를 내지 않아도 부모의 걱정과 불안을 충분히 설명하고 전달하면 아이는 위험한 행동을 줄여갈 수 있다.

때로는 아이에게 질투나 서운함을 느낄 수도 있다. 물론 그것을 연인에게 드러내듯 표현해서는 안 되겠지만, 가볍게 "네가 엄마를 이해해주지 않는 것 같아서 서운하다"라고 말하는 것은 감정을 있는 그대로 전달하는 쉽고 훌륭한 방법이다. 아이는 이를 통해 자신의 행동이 누군가를 서운하게 만들 수 있다는 사실을 배우고, 더 나아가 엄마를 롤모델로 감정을 자연스럽게 표현하는 방법을 배운다.

정말로 화가 날 때는 부모도 화낼 수 있다. 단, 화난 정도에 따라 표현이 달라져야 한다. 3단계만큼 화가 났을 때는 무표정한 얼굴로 '엄마, 아빠가 지금 화가 난다'고 고지만 해도 충분하고, 7단계만큼 화가 나면 조금 더 소리 높여 단호하게 주의를 준다. 언짢다고 무조건 9단계, 10단계로 화를 내버리면 아이도 똑같이 친구들과 어울려 놀 때 조금만 기분이 상해도 무조건 소리부터 지르고 싸우려들 것이다.

희로애락은 식탁을 받치는 네 귀퉁이 다리처럼 어느 것 하나 없어서는 안 될 중요한 감정들이다. 다리 하나가 사라지거나 한쪽으로 치우치면 귀한 음식이 모두 바닥으로 떨어지고 만다.

다시 한 번 우리의 소중한 아기를 떠올려보자. 임신 소식을 처음 접한 순간, 초음파 사진의 작은 점을 확인한 순간, 아이의 심장박동 소리를 처음으로 들은 그 순간을 생생히 떠올리며 지금 마음에 차오르는 감정들을 살펴보자. 뒤죽박죽 섞여있는 감정과 생각을 자세히 들여다보고 선명하게 정리하는 것이다.

아이가 태어나기 전까지는 잘 정리한 엄마, 아빠의 감정을 태아에게 들려주며 태담을 나눌 수 있다. 출생 이후에는 감정을 느끼고 정리하는 과정을 아이와 함께하며 서로의 마음을 나눠보자. 아이의 정서 발달에 이보다 더 좋은 방법이 또 있을까?

있을 건 다 있는데
뭔가 허전해요

자기 자각의 두 번째는 자신이 진정으로 원하는 게 무엇인지 파악하는 일이다. 앞서 살펴본 감정은 소망으로 이어진다. 인간은 좋은 감정이 느껴지는 일은 반복하길 원하고 나쁜 감정이 느껴질 때는 거부하는 본능이 있다. 감정과 소망은 떼려야 뗄 수 없는 관계이며 순수한 감정과 진정한 소망은 우리를 더 나은 방향으로 이끄는 지표와 같다.

본질적 소망 찾기는 생각보다 어렵다. 소망 역시 감정만큼이나 우리를 헷갈리게 하는 능력이 탁월하기 때문이다.

언젠가 한 아빠가 내게 물었다.

"요즘 행복하세요?"

언제 들어도 참 여러 가지 생각을 하게 만드는 질문이다. 나는 생각의 흐름을 적당히 끊고 답했다.

"행복까지는 모르겠고, 그냥 괜찮습니다. 하고 싶은 공부를 하는 중이고, 큰돈을 벌지는 못해도 먹고사는 데 지장은 없으니까요. 나름대로 만족하고 있어요."

나는 행복에 대해 조금 인색하게 답했다. 힘들 때도 있고 불만스러운 날도 많은데 마냥 행복하다고 말하는 건 가식처럼 느껴졌기 때문이다.

"저는 돈도 제법 벌고 마누라랑 애도 있는데 어째 행복하지가 않네요."
"있을 건 다 있는데 뭔가 허전하신 모양이네요. 어떻게 하면 채워질 것 같으세요?"
"글쎄요. 돈을 더 많이 벌면 행복해지지 않을까요?"
"지금보다 더 많이 벌면 뭐가 좋아질 것 같으신가요?"
"돈이 있어야 우리 마누라도 사고 싶은 거 살 수 있고 애도 좋은 거 먹이고 입힐 수 있으니까요. 가족의 행복이지요, 뭐."
"가장의 책임감이 느껴집니다. 그런데 일이 많아지면 가족과 보낼 시간이 그만큼 부족해지지는 않을까요?"
"그렇죠. 지금도 거의 못 봐요. 애는 어머니께서 봐주시고 와이프랑 저는 일하는 시간이 안 맞아서 주말에만 같이 밥을 먹습니다. 평소에는 서로 자는 것만 보고 있어요."
"가족의 행복을 위해 돈을 버는데 정작 가족과 함께하는 시간은 없다라……. 아이러니한데요? 돈을 더 많이 벌면 행복해지시는 게 맞나요?"

"그러게 말입니다. 그동안도 수입은 조금씩 늘었지만 그만큼 행복해지진 않았네요."

많은 사람이 큰돈을 벌기를 원한다. 물론 나도 그렇다. 하지만 분명한 것은 돈 그 자체가 본질적 소망은 아니라는 점이다. 돈을 수단으로 우리가 채우고자 하는 진짜 본질이 무엇인지, 이 시대에 돈이 상징하는 바가 무엇인지 한번쯤 생각해볼 필요가 있다.

감춰져 있는 진짜 소망 찾기

현대사회에서 돈은 필수다. 기본적으로 돈 없이는 먹고사는 생존을 안전하게 보장받을 수 없다. 생존에 대한 위협은 인간의 가장 본질적인 두려움이다. 주머니 사정이 나빠지면 누구나 예민해지고 매사 여유가 사라진다. 인간관계에서도 마찬가지다. 친구를 만나 커피 한 잔을 할 때도, 연인과 데이트할 때도 돈이 필요하다. 결혼을 결심하고 거처를 알아볼 땐 침이 꼴깍 넘어가는 현실을 경험하기도 한다.

현대사회에서 돈이란 눈에 보이지 않는 가치를 현물로 계량해둔 것이다. 즉, 돈을 버는 일은 나의 능력이나 노력의 가치를 인정받고 확인하는 가장 쉬운 방법이다. 그러다 보니 누군가의 가치를 그가 벌어들이는 수입으로 판단하는 착각에 빠지기도 한다. 조금만 생각해봐도 돈은 그저 다양한 척도 중 하나일 뿐인데 말이다.

돈을 벌고 싶다는 소망의 이면에는 이처럼 생존 욕구, 관계 욕구, 자기가치를 인정받고자 하는 욕구가 존재한다. 앞선 대화에 등장한 아빠의 경우, 가족의 윤택한 삶과 더불어 부인, 자녀 그리고 자신이 진정 행복해지기를 바라는 소망이 본질에 가까웠다.

숨겨져 있는 진짜 소망 찾기는 중요한 문제다. 이를 자각하지 못하면 결국 돈 그 자체를 본질로 착각해 맹목적으로 매달리는 삶에서 헤어날 수 없다. 그러나 비본질은 결국 본질을 충족시키지 못한다. 행복해지려 애쓰지만 결국 이루지 못하는 딜레마에 빠진 아빠의 이야기처럼 말이다.

부모-자녀 관계에서도 마찬가지다. 내가 상담실에서 만나는 부모들은 하나같이 아이들이 잘되기를 바란다. 하지만 실제로는 매일매일 아이와 전쟁을 벌이다 어찌할 방도가 없어 찾아오는 경우가 대다수다.

자존감이 높은 아이를 바라든, 사회성을 갖춘 아이를 바라든 이를 통해 부모가 기대하는 근본적 소망은 대부분 하나다. 바로 우리 아이가 행복해지는 것이다. 하지만 아이를 키우다 보면 부모는 수시로 본질의 탈을 뒤집어쓴 비본질적 수단의 함정에 빠진다.

대표적인 것이 공부다. 부모는 아이가 장래에 행복해지길 바라며 공부를 시키지만 어느 순간 행복이라는 본질은 사라지고 성적 그 자체가 소망의 중심을 차지한다. 공부에 삶 전체가 잠식되어버린 아이들은 고통을 호소한다.

"엄마는 무조건 공부만 하래요. 나는 좀 쉬고 싶은데……. 오늘도 학교에서 내가 얼마나 힘들었는지 엄마는 아무것도 몰라요. 그냥 너무 힘들고 계속 살아야 하는 건지도 모르겠어요."

물론 공부를 시키는 것도 부모의 역할 중 하나다. 나 역시 우리 아이가 공부를 잘했으면 좋겠다. 그러나 공부는 행복에 가까워질 수 있는 여러 수단 중 하나일 뿐, 그 자체로 아이를 행복하게 해주지는 않는다. 되레 공부로 갈등하다 깨진 부모-자녀 관계가 아이를 실의에 빠뜨린다.

이때 부모는 잠시 호흡을 고르며 진짜 소망을 되새겨야 한다. 함정에 빠진 스스로를 건져내면 당장 힘들어 죽겠다는 아이의 목소리가 제대로 들리고 부모로서 무엇을 해야 할지 선명해진다. 공부는 숨통이 트인 후 이어가도 늦지 않다.

진짜 욕구를 자각하는 연습은 아이에게도 필요하다. 자기가 진심으로 원하는 것이 게임인지, 화장인지, 아니면 인정받고 사랑받는 경험인지 따져보지 않으면 한참을 가다가 '여긴 어디? 나는 누구?'와 같은 혼란에 빠지는 날이 찾아온다.

그렇다고 행동 하나하나를 곱씹으며 감춰진 소망을 찾으려 애쓸 필요는 없다. 간밤에 시켜먹은 치킨은 그저 그 자체로 진리일 뿐 거기에 무슨 감춰진 의미가 있겠는가. 그러나 아이를 향한 부모의 언행에는 중요한 소망이 담겨있다. 그래서 하던 일을 잠시 멈추고서라도 오직 아이만을 위해 숙고하는 시간을 가져야 하는 것이다. 오늘도 아이는 묻는다.

'엄마, 아빠는 내가 어떻게 컸으면 좋겠어요?'

부모의 가치관
돌아보기

얼마 전 운전을 하다가 잠시 머뭇대는 사이 빠져야 할 곳을 지나쳐버리고 말았다. 급한 마음에 불법 유턴이라도 해보려 속도를 줄이다 문득 아이의 목소리가 들려오는 것 같아 다시 핸들을 바로 잡았다. 아이가 물었다.

'아빠는 나에게 무엇을 가르쳐주고 싶어요?'

나이를 먹을수록 부족함을 채우고 조금이나마 성숙해지기를 바라지만 살다 보니 그게 말처럼 쉽지 않다. 유치하게 고집을 부리고, 화를 참지 못해 누군가를 공격하고, 양심에 털 난 생각과 행동을 하는 자신을 발견할 때면 과연 내 아이가 이런 나를 닮아도 괜찮을지 걱정이 앞선다.

그렇다고 "엄마, 아빠는 못난 사람이니 닮아선 안 돼"라고 말할 수도 없다. 백지로 태어난 아이에게는 자연스레 부모의 색이 칠해지는 법이다. 그런데 부모가 우리를 닮지 말라고 하면 과연 아이는 누구를 롤모델로 삼고 살아가는 방법을 배울까? 또, 닮아선 안 된다고 한들 닮지 않을 수 있을까?

결국 우리는 아이가 보고 있건 말건 핸들을 부여잡고 내비게이션이 안내하는 옳은 길을 따라가야 한다. 물론 살다 보면 급하게 끼어들거나 실선을 넘는 일도 생긴다. 하지만 기본을 잊고 실수나 잘못을 정당화해서는 안 된다. 정도를 지키려 애쓰며 과오를 반성하고 정진한다면 완벽하진 않더라도 제법 괜찮은 참고서가 될 수 있다.

우리는 아이에게 자신을 보호하고 가꾸는 방법도 알려주어야 하고, 우리 모습을 통해 부부간의 사랑이 무엇인지도 가르쳐주어야 한다. 타인을 존중하고 법규를 준수해야 사회가 잘 유지될 수 있음을 교육하고, 약자에게 손을 내밀며 기꺼이 양보하는 모습을 통해 더불어 사는 기쁨이 무엇인지도 느끼게 해줘야 한다.

돈이나 옷, 예쁘고 잘 생긴 외모처럼 눈에 보이는 것이 중요한 시대이지만 때로는 더 중요한 가치를 위해 물질적인 것을 포기하는 모습도 보여주어야 한다. 그것이 아이에게 쌓이고 정리되면 자연스럽게 세상을 보는 시각과 사람을 대하는 태도가 올바르게 형성된다.

원치 않아도 부모의 신념은 아이에게 전달되어 가치관의 뿌리를 이룬다. 가치관을 확립한 아이는 자신에게 무엇이 중요한지 이미 알고 있으며 이는 삶을 결정하는 기준이 된다. 그것이 명확하고 견고할수록 선택의 순간 혼란에 빠져 주저하거나 잘못된 결정으로 후회할 일이 줄어든다.

엄마, 아빠는 앞으로
어떤 사람이 되고 싶어요?

부모가 될 준비를 하던 어느 날 아내가 물었다.

"당신은 어릴 때 어떤 사람이 되고 싶었어?"

어릴 적, 종종 "커서 뭐가 되고 싶니?"라는 질문은 받아봤지만 이는 묻는 이에게도, 답을 하는 나에게도 어떤 직업을 원하는가를 의미했다. 어릴 때의 모범답안은 대통령이나 과학자였고, 조금 큰 후에는 선생님이라고 답하는 게 가장 편했다. 하지만 직업이 아닌 존재로서 "어떤 사람이 되고 싶은가?"라는 질문을 받거나 그 답을 생각해볼 시간은 마땅히 없었다. 이는 분명 새롭고 어려운 주제였다. 더 난감한 것은 배 속의 아이도 비슷한 질문을 던진다는 점이다.

'엄마, 아빠는 앞으로 어떤 사람이 되고 싶어요?'

어릴 땐 그나마 장래희망을 정해두곤 했는데 어느새 어른이 되고서는 현실의 늪에 빠져 미래에 눈을 돌리지 못했다. 따지고 보면 인생의 3분의 1밖에 살지 않은 지금, 몇 해 뒤를 떠올리며 나름의 지향점을 정해두고 사는 것이 당연할 법도 한데 말이다. 게다가 10년 뒤에도 여전히 곁에서 우리 모습을 보고 배울 아이가 있으리란 사실이 목표를 세울 필요성을 더욱 부추겼다.

그때의 우리에겐 어떤 모습이 필요할까? 성숙한 어른이란 어떤 어른일까? 미래를 떠올릴 땐 과거를 살펴보라 했다. 그래서 더 나은 어른이 되기 위해 그동안 지나온 과정을 돌아보기로 했다.

그저 그런 나를 받아들이는 시간

어릴 적 나는 내가 아주 특별한 사람인 줄 알았다. 내 생각은 어딘가 남다른 듯했고, 내가 낸 아이디어는 특히 더 기발하게 느껴졌다. 그중 몇 가지가 실현될 때는 그저 관찰자의 입장에서도 썩 기분이 좋았다.

그런데 나이가 들고 세계가 넓어지면서 나 같은 사람이 많다는 사실을 알게 됐다. 특별한 것 같던 아이디어는 그저 그런 생각에 불과했고, 간혹 정말 기발한 아이템이 있어도 실현할 능력이 없었다.

단순히 돈이 없어서 못 한다는 말로는 부족했다. 자본 없이도 해내는 사람들이 분명히 존재했기 때문이다. 물론 그런 경우는 극히 일부라며 스스로를 위로하기도 했지만 결국 그 말은 '나는 그렇게 특별한 일부가 될 수 없다'는 고백과 같았다. 그렇게 나는 7,300,000,000 중의 1이 되어갔다.

사실 그게 맞다. 나는 흔한 73억 인구 중 한 명일 뿐이다. 하지만 특별한 줄 알았던 나를 그저 그런 사람이라 인정하는 당연한 일이 내게는 유독 어렵고 씁쓸했다. 스스로 품은 기대에 부응하지 못할 때마다 그런 자신이 미웠고, '결국 이것밖에 안 되는 사람'이라는 사실에 기운이 빠졌다.

좌절을 반복하며 실망에 익숙해진 마음에는 어느새 여유마저 생겼다. 그러다 문득 '잘하지 못한 결과'보다 '잘하고 싶어 애써온 나'에게 눈길이 갔다. 그 모습이 참 안쓰럽고 애잔해 감싸고 싶어졌다. 비로소 나는 진심으로 스스로에게 말했다. '그저 그러면 어때! 그냥 지금처럼 하면 돼. 괜찮아!' 당연함을 받아들일 수 있는 나만의 '때'가 온 것이다.

돌이켜보면 내가 어른이 되어온 과정을 늘 그랬다. 벽에 부딪히고, 충분히 좌절한 후에는 부족한 나를 품고 격려했다. 그제야 한 걸음을 더 내딛을 수 있었다.

지나온 흔적을 들추다 보니 자연스레 10년, 20년 후의 내 모습이 그려졌다. 그때는 있는 그대로의 자신에게 조금 더 만족하고, 조금 더 여유롭고, 조금 더 단단해졌으면 좋겠다. 한계를 명확히 알고 인정하며 책임질 줄 아는 어른이 되기를 소망한다.

그리고 언제나 생생하게 그 순간에 존재하는 사람이 되고 싶다. 뒤늦은 후회나 앞선 걱정 없이, 현재에 충실하고 감정에 흠뻑 젖어, 자연스레 향기를 풍기는 사람이 될 수 있기를 바란다.

나만의 목표를 정했으니 이제는 내게도 질문을 던질 자격이 생겼다.

'아이야, 너는 커서 어떤 사람이 되고 싶니?'

세상과 아이 사이를 중재하는
특별한 임무

감정과 본질적 소망, 가치관, 인간적 목표에 이르기까지 자기를 정리하는 시간을 가졌다면 이제는 아이를 키우는 부모의 고유한 소명을 살펴볼 차례다. 좋은 사람과 좋은 부모는 다르다. 부모에게는 나름의 역할과 유의할 사항이 몇 가지 있다.

상담실에서 다양한 가족을 만나면서 내가 갖게 된 첫 번째 믿음은 어떤 순간이라도 자녀와의 긍정적인 신뢰관계를 깨뜨려서는 안 된다는 점이다. 부모에 대한 신뢰가 무너진 아이는 절대로 부모의 뜻을 따르지 않는다. 부모가 싫어하는 행동을 골라서 하는 것은 아이가 할 수 있는 최선의 공격이다.

부모는 모든 원흉을 아이에게서 찾는다. 말만 걸면 방문을 쾅 닫아버리고, 부모가 보기엔 당연한 기본 규칙을 자꾸 어기니 화가 나지 않을 수 없다. 부모의 반격은 쉽고 간편하다. 용돈을 주지 않거나 휴대폰을 빼앗아버리면 그만이다. 아이를 벌주며 부모는 생각한다.

'우리 아이가 하루빨리 마음을 고쳐먹고 내 말을 잘 들어야 할 텐데……'

그러나 마음을 돌리기는커녕 아이는 부모에게 당한 것을 복수할 새로운 방법을 모색한다. 당연히 갈등의 골은 갈수록 더 깊어진다.

사실은 아이에게도 속마음을 털어놓고 조언을 구할 창구가 필요하다. 진심으로 믿고 의지할 수 있는 내 편을 간절히 원하는 것이다. 그러나 아무리 급해도 갈등 중인 부모는 그 상대가 될 수 없다. 사사건건 시비를 걸고 괴롭히는 적을 신뢰할 수는 없는 노릇이다.

아이와 갈등하는 부모의 본질적인 소망은 아이를 더 나은 방향으로 이끄는 것이다. 아이를 위하는 마음이 없었다면 애초에 마찰은 일어나지도 않았다. 그러나 적대적인 관계를 지속하며 매일 전쟁을 치르는 데 온통 에너지를 쏟는다면 이 게슈탈트는 결코 해소할 수 없다. 소망을 이루려면 에너지를 적재적소에 효율적으로 사용하여야 한다.

관계를 개선하기 위해서는 무엇보다도 신뢰 회복이 우선이다. 평소 아이의 마음을 이해하는 습관을 들이고 실수에 좀 더 너그러운 태도를 보인다면 아이는 조금이나마 부모에 대한 이미지를 바꿔갈 것이다. 어렵더라도 아이를 공격하는 데 쓰던 에너지를 전환해 부모 자신의 마음을 다스리는 데 사용해야 한다.

부모는 아이가 좀 더 빨리 성숙해져서 애초에 문제가 생기지 않기를 바란다. 이러한 소망을 아이에게 전달할 수는 있지만 결국 결정은 아이의 몫이다. 조급하게 생각할 필요는 없다. 당장 변하지 않더라도 어차피 모난 부분은 계속 부딪쳐 깎여나가기 마련이다. 그러다 보면 분명히 아이만의 '때'가 온다.

물론 아무리 여유를 갖는다 해도 갈등을 완벽히 피해갈 수는 없다. 다만 분쟁이 일어나더라도 팀의 분열로까지 이어지지 않도록 조심하며 열 번에서 여덟 번으로, 다시 여덟에서 여섯으로, 마찰을 줄여가야 한다. 그러다 보면 자연스럽게 관계에도 변화가 일어난다.

행여 아이가 큰 잘못을 저질러 세상 모두가 손가락질하더라도 부모만큼은 아이 곁에서 함께 비난을 견뎌야 한다. 그렇다고 잘못된 행동을 옳다고 왜곡해서는 안 된다. 부모는 객관적으로 아이를 대하는 세상과도 다르고, 주관적인 생각에 갇혀 있는 아이와도 다른, 세상과 아이 사이를 중재하는 아주 특별한 역할을 맡아야 한다.

부모가 아이와 같은 편에 서서 긍정적이고 신뢰할 수 있는 관계를 유지하는 것은 운전을 시작하기 전에 시동을 거는 일과 같다. 관계가 어긋난 육아는 그 어떤 대단한 기술로도 만회할 수 없다.

정작 내 아이 마음에 공감할 줄 모른다면

시동을 걸었다면 이제는 육아 공부를 시작할 때다. 우리의 부모 세대까지는 육아를 대물림으로 배웠고, 검증된 연구결과보다는 경험에서 축적된 정보를 바탕으로 아기를 키웠다. 그 안에는 대대로 전해 내려온 선조의 지혜가 담겨있지만 개중에는 현시대와 맞지 않거나 과학적 사실과는 동떨어진 풍문이 종종 섞여있다.

예를 들어 옛날에는 무조건 아기를 따뜻하게 키워야 한다고 믿었다. 한여름에도 아기에게 선풍기나 에어컨을 틀어줘서는 안 된다고 생각했고 속싸개와 겉싸개로 아기를 꽁꽁 싸맸다. 그러나 생후 초기의 아이는 체온 조절 능력이 미숙해 금세 열이 오르고 땀을 흘린다. 심한 경우 땀띠가 생기고 탈수가 일어날 수도 있다. 따라서 아이에게 직접 강한 바람을 보내진 않더라도 실내 온도를 25도 내외로 맞춰야 아기도 36.5~37.5도의 적정 체온을 유지할 수 있다.

'많이 안아주면 손을 탄다'거나 '울어도 달래주지 않아야 독립심이 생긴다'는 말도 과거 국내외에서 한동안 유행처럼 번졌던 낭설이다. 스킨십이 지능 발달과 면역력, 심리적 안정감 형성에 이롭다는 사실은 다양한 연구를 통해 이미 수차례 입증되었다. 또한 영아기에는 아기의 SOS에 빠른 대응을 해줘야 불안을 유발하는 스트레스 호르몬을 낮출 수 있다.

부모는 육아 공부를 게을리해서는 안 된다. 수유를 할 때도, 끊을 때도, 수면 교육을 하고 배변 훈련을 할 때도, 아이의 발달 단계를 고려해야 스트레스를 최소화하고 효과적인 결과를 얻을 수 있다. 온라인 커뮤니티에서 개인이 제공하는 정보도 중요한 참고자료지만 핵심적인 문제는 책이나 뉴스 등 검증된 자료를 확인하거나 의사에게 조언을 구하는 편이 안전하다.

한편으로는 공부 그 자체에 빠지지 않도록 경계해야 한다. 아이러니하게도 종종 전문가 수준으로 아동발달심리학에 심취한 부모들을 상담실에서 만난다. 제대로 공부하고 아이에게 잘 적용한다면 더할 나위 없겠지만 어려운 용어와 이론은 기억하면서 정작 내 아이의 마음에 공감할 줄 모른다면 부모교육에 통달해봐야 아무런 의미가 없다.

많이 아는 것보다 하나의 깨달음이라도 꾸준히 실천하는 게 더 중요하다. 아이에게는 육아를 가르쳐줄 선생님이나 행동과 심리를 파악해줄 분석가보다 따뜻하게 보살펴주는 부모가 필요하다. 애초에 이론은 평균치를 모아둔 참고자료일 뿐, 평균으로 태어나 평균으로 자라는 아이는 이 세상 어디에도 없다.

부모라는 이름의 무게

마지막으로 부모가 짊어진 책임의 무게를 이야기하고 싶다. 부모는 때로는 교육자가 되어야 하고, 때로는 미술가가 되어야 하고, 때로는 체육인이, 때로는 예능인이, 때로는 대출은행이 되기도 해야 한다. TV에 나오는 엄마, 아빠는 하나같이 슈퍼맨 같지만 현실 속 보통의 부모에게는 그런 기대와 책임감이 여간 무거운 게 아니다. 이를 견디기 위해서는 지금부터 차근차근 마음의 준비를 해야 한다.

아이와 함께하는 시간이 1년 365일 마냥 행복하지만도 않다. 산후조리원을 나서며 시작되는 실전 육아가 괴로운 이유는 단 한 순간도 아이에게서 벗어날 수 없기 때문이다. 신생아를 돌보다 보면 삼시 세끼를 제대로 챙겨 먹을 수 없고, 피곤하고 잠이 쏟아져도 품 안의 아이를 내려놓을 수 없다.

아이는 부모에게 온전히 자신을 내맡긴다. 나 하나 감당하기도 벅찼던 삶에 한 생명이 더해진다는 것은 감히 상상하기도 어려운 일이다. 멀리 육아까지 갈 필요도 없다. 임신부터 출산까지, 엄마는 생전 처음 겪는 심신의 변화와 고통을 온몸으로 견뎌내야 하고, 아빠는 그런 엄마를 보살펴야 한다.

　부모 역할의 부담과 숙명, 괴로움과 두려움을 이겨내기 위해서는 앞으로 벌어질 일을 미리 내다보고 대비해야 한다. 견고하게 다듬고 깊이 뿌리내려야 태풍이 몰아쳐도 날아가지 않는다.

- 육아를 시작하기 전 부모는 먼저 목적지를 정해야 한다.
- 아이는 부모를 비춰주는 가장 투명한 거울이다.
- 아이의 목표를 설정하기 전에 부모 자신에 대한 정리가 선행돼야 한다.
- 자기와 다른 누군가를 따라 할 때보다 진정한 자기가 될 때 긍정적인 변화가 활발히 일어난다.
- 자기인식의 첫 단계는 감정의 자각이다.
- 감정은 한 가지로 채워지지 않는다. 마음에 머무르며 다양하게 섞여 있는 감정들을 자각해야 한다.
- 감정을 왜곡하면 오해가 생긴다. 걱정은 걱정으로, 서운함은 서운함으로, 있는 그대로 표현하는 연습이 필요하다.
- 감정을 드러낼 때는 느낀 만큼만 적당히 표현해야 한다.
- 자기인식의 두 번째는 본질적 소망의 자각이다.
- 본질적 소망은 지금 당장 해야 할 과업을 알려준다.
- 감정과 소망을 자각하고 적재적소에 에너지를 쏟아 과업을 해결하는 사람은 주체적인 삶을 산다.
- 부모는 아이에게 전달할 가치관과 신념을 점검해야 한다.
- 아이의 목표를 세우기 전에 부모 자신의 10년, 20년 후 목표를 세워보자.

- 부모와 자녀 관계의 기본은 신뢰다. 믿음을 바탕에 둔 긍정적인 관계가 깨지면 그 무엇도 이룰 수 없다.

- 현대 육아는 공부가 필수지만 과하면 부작용이 생긴다. 아이에게 필요한 건 아동 분석가가 아니라 따뜻하게 공감해주는 부모다.

- 고단한 육아를 견딜 마음의 준비를 하자. 실전 육아는 달콤하지만은 않다.

임신기 엄마 돌보기

자연주의 출산을
중심으로

2

임신·출산 경험은 제각기 천차만별이다. 우리의 경우 임신 초기 4개월간 입덧이 가장 심했다. 허기는 지는데 뭔가 입에는 들어가지 않고, 잠은 오는데 잘 수가 없어 아내는 몇 번이나 울음을 쏟았다. 그나마 뭐라도 좀 먹은 날에는 배가 부르면서도 동시에 고픈 것 같은 이상한 느낌이 든다며 서러워했다.

때로는 몸이 음식을 받아들이지 못해 게워냈고, 잠이 들었다가도 불편함에 뒤척이다 금세 깨기 일쑤였다. 우리에게는 고통을 줄이거나 단축할 그 어떤 방법도 없었다. 그나마 엄마의 몸과 마음을 돌보고 응원하며 가장 나은 컨디션을 유지하도록 돕는 게 최선이었다.

이 장에서는 임신기 엄마에게 일어나는 변화와 그에 대처하는 아빠의 자세에 대해 다루고, 우리 부부의 수기를 통해 임신·출산에 대비할 수 있는 단초를 나누고자 한다.

엄마가 되는 시간

임신은 엄마의 몸속에서 하나의 생명체를 키워내는 과정으로 간략히 정의할 수 있다. 아빠의 정자와 엄마의 난자가 결합해 만들어지는 수정란은 처음에는 눈에 보이지도 않는 1개의 단세포에서 시작해 출산 때는 약 2조(2,000,000,000,000) 개로 분열된다. 이 분열 과정에서 뇌가 생기고, 심장이 만들어지고, 근골격이 발달하며 점차 사람의 형태와 기능이 갖추어진다. 생명의 탄생과 성장이 허락된 것만으로도 분명 감사할 일이지만 이 낯선 이벤트를 온전히 감당해야 하는 예비엄마의 처지는 조금 다르다.

임신 초기 신체와 생리적 변화

임신 후 엄마에게 일어나는 첫 번째 변화는 새로운 신체기관인 '태반'이 생긴다는 점이다. 태반은 엄마가 섭취한 영양분을 태아에게 전달하고,

동시에 태아의 이산화탄소와 노폐물을 배출하는 기관이다. 아기의 보금자리인 자궁은 태아를 안전하게 보호하기 위해 내벽이 두터워지고 폭신해지며 태아 성장에 맞춰 크기가 커진다. 태반의 생성과 자궁의 변화는 당연히 주변 장기에도 영향을 끼친다.

자궁이 팽창하면서 심장은 위로 밀려 왼쪽으로 약간 기울어진다. 자궁과 태반에 공급할 혈액과 출산 시 발생하는 다량의 출혈에 대비해 혈액량은 약 1.5배로 늘고, 그에 따라 심장의 크기도 커진다. 또한 가만히 있어도 체온이 상승하고, 비임신기보다 심장 뛰는 속도가 빨라진다.

새로운 장기가 생기고 기존 기관의 활동 양상이 달라지면서 엄마의 몸은 24시간 수시로 분주해진다. 내장기관들이 열심히 움직이고 있기 때문에 엄마는 특별한 운동을 하지 않더라도 신진대사량이 증가하고 쉽게 피로감을 느낀다.

엄마는 자주 지쳐 곯아떨어지지만 잠을 자는 시간 역시 편하지 않다. 팽창한 자궁의 압박을 받아 예민해진 방광은 수시로 소변이 마렵다는 신호를 보내온다. 그렇다고 소변이 많이 나오는 것도 아니다. 찔끔 소변을 보고 다시 침대에 누우면 방광은 기다렸다는 듯 다시 신호를 보내 엄마를 괴롭힌다.

반대로 대변은 배출이 안 돼서 엄마를 힘들게 한다. 자궁의 압박에 장이 제 기능을 못 해 변비가 생기는 것이다. 변비 초기에는 채소, 과일 등 섬유질 섭취를 늘리고 적당한 운동을 통해 개선할 수 있지만 차도가 없을 땐 산부인과 진료 시 상담을 받아야 한다. 심한 변비는 치질로 이어진다.

임신 초기 호르몬과 정서의 변화

임신기 몸과 마음의 변화에는 호르몬이 주는 영향도 크다. 임신 중 분비가 활발해지는 여성호르몬 에스트로겐과 프로게스테론은 자궁을 착상과 임신 유지에 적합하게 만들고, 모유가 생성되도록 유선을 발달시킨다. 그러나 동시에 입덧과 소화불량, 변비를 유발하고, 잦은 코피나 잇몸 출혈을 일으키기도 한다.

임신 초·중기부터 출산까지 대량 분비되는 호르몬 릴랙신은 좁은 산도를 아기가 원활히 통과하도록 관절을 느슨하게 이완시킨다. 그러나 온몸의 관절에 영향을 주기 때문에 엄마는 앉았다 일어날 때나 물건을 옮길 때 무릎, 허리, 손목 등에 무리가 가지 않도록 주의를 기울여야 한다.

임신을 하고 느끼는 불안은 엄마나 아빠나 마찬가지지만 특히 엄마는 몸에서 일어나는 생리적인 변화로 마음의 동요가 몇 곱절 심해진다. 난 생처음 새로운 장기가 생기고, 오장육부가 대이동하며 자의적 조절이 불가능한 호르몬의 변화까지 일어나면 머리로 이해하는 것과는 별개로 몸이 균형을 유지하지 못한다. 그래서 평소 잘 먹던 음식도 게워내고, 안 흘리던 코피도 쏟는 것이다.

첫 아이를 임신한 엄마는 뭐가 괜찮고, 뭐가 문제인지 모른다. 안 그래도 엄마가 된다는 생각에 머리가 복잡한데, 병원이다 산후조리원이다 해서 현실적으로 신경 써야 할 부분은 많고, 몸까지 변화에 적응을 못 해 부작용이 일어나니 예민함이 점점 극에 달한다.

답답한 것은 몸도, 마음도, 현실도, 그 무엇 하나 내 뜻대로 되는 게 없다는 점이다. 부정적인 감정이 하나둘 쌓이다 보면 어느새 눈물이 되어 넘쳐흐르고, 그렇게 임산부 우울증이 시작된다. 2016년 미국 보건복지부의 연구에 따르면 산후우울증의 50% 이상은 이미 임신 중에 발병한다.

어떤 이들은 '그래봤자 누구나 다 하는 것'이라며 임신을 쉽게 여긴다. 실제로 많은 여성이 임신을 하지만 엄마들이 겪는 각자의 고통을 서로 비교할 수는 없다. 애초에 누구나 하는 일이라고 해서 그게 쉬운 일이라는 공식도 성립하지 않는다.

우리의 어머니 그리고 예비엄마 모두가 이처럼 고된 시간을 거쳤고, 또 거치고 있다. 그 고단함을 충분히 이해받을 때 고통을 이겨낼 힘도 생긴다. '그래봤자 누구나 다 하는 것'이라는 말은 주변에서 꺼낼 말이 아니라 마음의 준비를 다 마친 엄마의 입에서 나올 말이다.

임신기 엄마 돌봄의 시작

임신기 엄마의 괴로움은 대부분 다 알고 있는 사실이다. 최근까지도 임산부 배려석을 활성화하려는 광고가 TV와 라디오에서 흘러나오는 것을 보면 우리 사회의 노력도 꾸준히 이어지는 듯하다.

엄마의 컨디션이 좋으면 배 속의 아이도 건강하게 자란다. 엄마와 태아를 위한 거시적 차원의 노력이 임산부를 지원하는 사회의 조성이라면 미시적으로는 가장 가까이에서 엄마를 지지하는 아빠의 돌봄을 꼽을 수 있다.

아내가 임신하면 주변 사람들은 하나같이 "지금 잘해야 한다"라고 말한다. 아빠도 한껏 책임감을 느끼지만 정작 무엇을 어떻게 잘해야 하는지 몰라 머리가 복잡해진다. 엄마에 비할 수는 없지만 '아빠가 되는 시간'도 만만치 않게 어렵다.

사고가 발달한 남자들은 미션이 주어지면 대부분 무엇을, 어떻게 해결할지 방법을 찾는 데 집중한다. 그러나 여자, 그중에서도 임신기에 감정이 예민해진 엄마들에게는 눈에 보이는 문제의 해결보다는 정서적인 돌봄이 더 중요하다.

임신 중인 아내가 제철이 아닌 과일이나 구하기 어려운 음식을 갑자기 찾는다는 이야기는 주변에서 흔히 들을 수 있는 에피소드다. 그리고 이때 남편의 반응은 평생에 걸쳐 회자된다. 그때마다 어떤 아빠는 당당히 어깨를 펴고, 어떤 아빠는 황급히 자리를 피한다. 되레 엄마를 향해 핀잔을 날리는 아빠들도 있다.

"아니, 한여름에 딸기를 어디서 구해."

아빠의 가장 큰 착각은 정말로 딸기를 구해와야만 이 문제가 해결되리라는 믿음이다. 그러나 아내의 마음에 평생 남는 기억은 딸기를 못 먹었다는 사실이 아니라 자기 마음을 몰라주고 노력조차 하지 않았던 남편에 대한 야속함이다.

임신 기간에 뭔가를 요구하는 마음의 기저에는 괴로움을 이해받고, 약해질 대로 약해진 자신을 돌봐주길 바라는 소망이 존재한다. 이를 파악하고 충분히 공감한다면 입덧으로 고생하는 아내에게 먹고 싶은 게 생겼다는 소식은 진심으로 반가울 일이다. 그런 아빠들은 20~30분 운전해 마트에 가는 것쯤은 대수롭지 않게 여긴다.

상황이 여의치 않아 딸기를 구하지 못했을 때는 '미션 실패'에 주목하기보다 힘들어하는 아내를 격려할 수 없음에 초점을 맞추고 진심으로 안타까움을 느껴야 한다. 하다못해 딸기우유밖에 사오지 못하더라도 이처럼 노력하고 함께 속상해하는 모습을 보여주면 아내의 마음을 달랠 수 있다. 막상 실제로 음식을 구해가면 많이 먹지도 않는다. 이미 더 중요한 것을 채웠기 때문이다.

양육은 엄마와 아빠가 함께 해야 하는, 그 무엇보다도 중요한 부모의 과업이다. 그 시작은 출산 후가 아니라 배 속의 아이를 키우는 임신 기간부터다. 예비아빠의 역할은 부모가 되는 과정에 동참하며 엄마를 외롭게 방치하지 않는 것이다.

임신과 출산의 중심에는 엄마와 아이가 있다. 전 과정에 걸쳐 가장 역할이 적고 그만큼 여유로운 사람은 분명 아빠다. 그래서 아빠가 더 많이 양보하고, 더 많이 배려해야 한다.

임신기 엄마
마음 돌보기

분노, 불안, 걱정과 같은 부정적인 감정은 스트레스 호르몬 코르티솔의 분비를 촉진한다. 코르티솔의 작용으로 임신 중인 엄마의 혈관이 수축하면 태아에게 전달될 혈류량이 줄고 이에 따라 영양과 산소 공급에도 차질이 생긴다. 심하면 태내 발달이 정상적으로 이루어지지 않고 조산할 우려도 있다.

특히 태아에게 전달된 코르티솔은 아이를 스트레스에 취약하고 예민하게 만든다. 또한 기억을 관장하는 해마를 손상시켜 언어나 학습장애를 유발하고, 내장지방 증가와 소아비만에도 악영향을 미친다.

스트레스를 줄이고 아이의 건강한 발달과 성장을 돕기 위해서는 엄마의 마음을 돌보는 데 더욱 관심을 가져야 한다. 물론 아기를 위해서만이 아니다. 임신과 출산이라는 휴먼드라마에는 엄마, 아빠, 아기가 출연해 호흡을 맞추지만 그중에서도 가장 비중 있는 역을 맡은 사람은 단연 엄마다. 그 무게를 견디기 위해서는 임신기의 신체적·정신적 고통을 상쇄

할 양질의 긍정적 경험이 필요하다. 이를 통해 스트레스를 해소하고, 마지막 고비인 출산까지 잘해낼 수 있다는 자신감을 키워야 한다.

임신 중 좋은 것만 보고, 좋은 것만 듣고, 좋은 것만 먹으며 태교를 하는 이유도 여기에 있다. 이 시기에는 영화를 보더라도 심장을 조이는 액션 스릴러보다는 편안한 로맨틱 코미디가 좋고, 아드레날린을 분비시키는 시끄러운 락 음악보다는 잔잔한 클래식을 들어야 마음이 편안해진다.

핵심은 아무리 좋은 자극이라도 배 속의 아기에게 전달하기 위해서는 반드시 엄마를 거쳐야 한다는 사실이다. 주야장천 클래식을 틀고 컬러링북을 색칠해도 정작 엄마가 감흥을 느끼지 못하면 아이에게도 아무런 효과가 없다.

여기서 임신기 아빠가 해야 할 중요한 역할 한 가지가 부상한다. 바로 태교를 기획하는 일이다. 엄마의 마음을 편안하고 행복하게 만들어주려면 미리미리 취향과 특성을 파악해둬야 한다. 다시 한 번 강조하지만 태교의 목표는 짜릿한 흥분이 아니라 마음의 안정이다. 엄마의 취향을 존중한다고 공포체험 같은 서프라이즈를 준비해서는 안 된다는 말이다.

내가 아는 한 아빠는 임신 중기에 아내를 첫 데이트 장소로 데려갔다. 특별한 이벤트는 없었지만 서로를 처음 만났던 자리에서 그동안 함께 한 시간을 돌아보는 경험이 엄마의 마음을 따듯하게 채워주었다. 기분 좋은 경험을 할 때 우리 뇌에서는 행복의 호르몬 옥시토신과 엔도르핀이 분비된다. 이 호르몬들은 엄마의 혈액순환을 돕고 배 속의 아이에게 전달되는 영양분을 풍부하게 해준다.

태아와 이야기를 나누는 태담도 좋은 방법이다. 배를 어루만지며 아이를 떠올리고 무슨 말을 전할지 생각하다 보면 이미 엄마의 마음엔 핑크빛 설렘이 가득 찬다. 천천히 대화를 나누다 보면 그런 노력을 하는 자신에게 뿌듯함도 느낄 수 있다.

아빠의 동참은 두말할 것도 없다. 어색함을 무릅쓰고 아기에게 무언가 이야기하려고 애쓰는 아빠의 모습은 그 어떤 명작보다 더 엄마를 감동시킨다. 4개월부터는 아기도 직접 목소리를 듣고 반응한다. 특히 고음보다 저음을 더 잘 듣고 편안함을 느끼기 때문에 태담은 아빠가 해주는 게 더 효과적이다. 몇 마디 말로 엄마와 아이 모두를 행복하게 할 수 있다면 주저할 이유가 없다.

행복도 연습이 필요해

앞서 언급했듯 나는 기본적으로 임신과 출산의 중심에 엄마가 있다고 믿는 사람이다. 임신한 엄마가 입덧을 하고, 호흡곤란에 시달리고, 점점 더 무거워지는 배를 짊어지는 동안 아빠에게 주어지는 짐은 많지 않기 때문이다. 따라서 아빠가 엄마에게 더 양보하고 배려하며 세심한 노력을 기울이는 게 당연하다고 생각한다. 그러나 아무리 당연한 일이라도 의미를 느끼지 못하면 지속하기가 어렵다.

아빠의 노력이 빛을 발하려면 엄마가 행복을 느끼고 표현하는 데 익숙해져야 한다. 아빠가 열심히 노력해도 정작 엄마가 행복 불감증이라면 간접 육아는 아무 소용이 없다. 행복은 행복할 줄 아는 사람에게서 일어난다. 행복을 보는 눈이 뜨이지 않은 사람은 아무리 행복이 자신을 둘러싸고 있어도 또 다른 행복을 갈망하며 불행에서 허우적댄다.

돌아보면 우리는 제법 괜찮은 삶을 살고 있다. 그렇게 만나기 힘들다는 천생배필을 만나 결혼에 골인했고, 누군가는 가슴이 미어지게 염원하는 생명의 씨앗도 벌써 허락받았다. 이 두 가지만으로도 그저 그랬던 오늘은, 사실 아주 감사해야 할 날인지도 모른다. 아니, 분명 감사하고 행복해야 마땅하다.

아빠가 육아에 참여하겠다며 책을 읽고, 엄마의 행복을 위해 노력한다면 좀 부족하더라도 예쁘게 보고 감동해주길 바란다. 그래야 아빠에게 다시 하고 싶은 의욕이 생기고, 그렇게 자꾸 해버릇해야 모자란 실력도 점점 좋아진다.

그렇게 엄마는 아빠를, 아빠는 엄마를 더 좋은 사람으로 만들어 줘야 한다. 임신 기간만이 아니라 평생 태교를 하듯 좋은 것을 보고 들으며 좋은 생각과 마음으로 함께 행복을 연습해가는 것이다.

임신기 엄마 몸 돌보기

임신기의 몸 관리는 엄마 돌보기에서 빠질 수 없는 주제다. 요즘은 산부인과에서 엄마의 식단과 운동량을 확인하고 상담해주기도 한다. 지난 일주일치 식단을 적다 보면 잦은 치킨과 인스턴트식품으로 균형이 깨져있는 자신을 발견하며 실소가 터지기도 하고, 운동란에 적을 게 하나도 없다는 사실에 멋쩍어지기도 한다.

배 속의 아이에게 건강한 영양분을 전달하기 위해서는 균형 잡힌 식단을 짜고 제때 밥을 챙겨 먹는 것이 중요하다. 물론 식단 짜기와 아침 챙겨 먹기도 아빠가 주도하면 좋겠지만, 그게 어렵다면 적어도 동참은 해야 한다.

280일 동안 임신과 출산의 고통을 견디고 건강하게 아이와 만나려면 꾸준한 관리가 필수다. 중요한 시합을 앞둔 선수가 코치의 도움을 받으며 최상의 컨디션을 만들고 유지하듯 엄마도 아빠의 코칭 아래 몸과 마음을 돌봐야 한다.

임신기 식단·운동·영양

식단: 임부의 영양 상태는 태아의 건강과 직결된다. 엄마가 부실하면 배 속의 아기도 부실해지고 엄마의 체중이 너무 많이 늘면 태아도 비만에 걸린다. 과체중 태아는 자연분만이 어렵고 제왕절개 확률이 두 배로 증가한다.

국제연합식량농업기구(FAO)에서 권장하는 임신기 열량 증가량은 초기 150Kcal, 중기 이후 350Kcal다. 햇반 하나의 칼로리가 보통 300Kcal 내외니 초기에는 하루에 밥 반 공기 정도를 더 먹는 게 적당하고, 중기 이후에는 한 공기 이상 먹어줘야 한다.

임신기 비만은 엄마와 아이 모두를 힘들게 하지만 아빠는 그냥 알고만 있자. 엄마에게 임신은 평생 참아온 욕구를 마음껏 폭발시킬 수 있는 절호의 찬스다. 아빠가 제지하지 않아도 심해지면 병원에서 체중을 조절하라고 권고하니 괜한 호기를 부려 잠자는 엄마의 코털을 건드리지 말자. 먹지 말라는 잔소리가 과체중보다 더 큰 스트레스로 작용할 수 있다.

단백질은 모유가 잘 나올 수 있도록 유방의 발육을 돕고 태반과 태아 성장에 관여한다. 임신 중에는 하루 60g 이상의 단백질이 권장되며 특히 콩이나 육류, 생선에 들어있는 것이 태아의 신체와 뇌 발달에 좋다고 알려져 있다.

탄수화물과 지방은 따로 보충할 필요 없이 평소대로 섭취하면 된다. 다만 빵이나 과자 등 당분이 많은 탄수화물이나 고기에 함유된 포화지방은 적당히 조절해야 한다. 특히 고기는 잘 익혀서 먹어야 태아의 기형을 일으키는 기생충 감염을 예방할 수 있다. 또한 나트륨이 많은 인스턴트 음식은 줄이고 콩, 견과류, 달걀, 우유, 과일, 채소를 자주 먹는 편이 좋다.

임신 기간에 음주는 당연히 안 되고, 7주차까지는 커피도 마시지 않기를 권장한다. 그 후에는 하루 200mg 이하의 카페인은 큰 지장이 없으므로 평소 커피를 즐겨마시던 엄마라면 억지로 참느라 스트레스를 받기보다 가끔 아메리카노 한 잔으로 마음을 적셔주는 편이 더 낫다. 브랜드마다 다르지만 대개 아메리카노 한 잔의 카페인 함량은 150mg 내외다.

영양소와 칼로리를 분석해가며 식단을 짜고, 계획대로 먹기란 사실상 어렵다. 물론 할 수 있다면 좋겠지만 너무 번거롭다면 그냥 잘 익힌 고기와 생선, 채소 등을 골고루 섭취해 단백질을 보충하고 적당량의 삼시 세끼를 제때 챙겨 먹기만 해도 좋다.

우리 부부도 임신하면서 먹지 않던 아침을 챙겨 먹기 시작했고, 평소보다 채소의 양은 늘리고 인스턴트 음식과 밀가루는 줄이려 노력했다. 과일도 좀 더 챙겨 먹었지만 지나치게 먹으면 임부의 당뇨나 태아의 과체중 위험이 있다는 권고에 적당히 조절했다. 출산했을 때 우리 아기 몸무게는 평균치에 가까운 3.26kg이었다.

운동: 임신 초기에는 피로감을 자주 느끼므로 되도록 쉬어야 하지만 어느 정도 안정기에 접어들면 가벼운 운동을 해야 엄마와 태아가 더 건강해진다.

운동은 체중 조절과 스트레스 해소, 기분 전환에 효과적이다. 신진대사가 원활해지면 태반을 통해 태아에게 공급되는 혈액과 영양이 늘어 성장과 발달이 촉진되고, 출산 과정도 수월할 가능성이 커진다. 특히 임신 막달에 운동을 많이 하면 출산이 예정일보다 좀 더 빨라질 수 있다.

등산, 조깅 등 격렬하거나 위험한 운동, 복부를 자극하는 근력운동, 관절에 무리가 가는 운동은 당연히 피해야 하고, 주로 가벼운 워킹이나 임산부 요가, 수영 등 안전한 유산소 운동을 권장한다. 운동할 때는 수분을 충분히 섭취하고 30분에서 1시간 정도 가볍게 움직이되 배가 당기거나 아플 땐 즉시 중단하고 휴식을 취해야 한다.

평소 운동과는 담을 쌓고 살던 우리 부부는 규칙적인 운동을 할 만큼의 의지가 생기지 않았다. 특히 입덧이 심했던 초기에는 감히 운동을 할 여유가 없었고, 중기 이후에는 수강료를 내가며 새로운 운동을 배우기에 늦었다는 생각이 들었다. 그래서 특별히 계획 하에 운동을 하기보다는 날씨가 좋을 때 한 번씩 집 밖으로 나가 공원을 산책하곤 했다.

직장생활을 하는 아빠에게 주말은 온종일 늘어져 쉴 수 있는 귀한 시간이지만 가끔은 귀찮음을 극복하고 옆에서 함께 뒹굴고 있는 아내를 끌고 밖으로 나가야 한다. 바깥 공기로 엄마의 몸과 마음을 상쾌하게 환기해주는 것이다.

영양: 아기의 건강한 성장에 필요한 영양소 중 몇 가지는 음식만으로 충분히 채워지지 않는다. 먼저 엽산은 임신 3개월 전부터 꾸준히 섭취하고, 출산 후 모유 수유를 한다면 수유가 끝날 때까지 복용하는 게 좋다. 일반적인 권장량은 0.4mg이지만 기형아 출산 경험이나 당뇨가 있다면 양을 늘려야 한다. 또한 흡연, 음주를 많이 한 예비엄마도 담당의와 상의해 적정량을 판단하는 게 바람직하다.

16주차부터는 철분제와 오메가3도 챙겨야 한다. 철분은 유산과 조산,

결핍성 빈혈 예방에 효과적이다. 특히 출산 시 다량의 출혈이 발생하므로 이에 대비하기 위해서도 미리미리 챙겨 먹어야 한다.

태아의 뇌와 시력 발달에 좋은 오메가3는 미국식품의약국(FDA)에서 섭취를 권장한다. 소아당뇨와 조산을 비롯해 임신 우울증 등의 정신과적 질병에도 효과가 있다고 알려져 있어 산후에도 꾸준히 복용하길 추천한다. 반면 비타민A나 D는 과다섭취 시 되레 태아의 기형을 유발할 수 있으므로 섭취에 유의해야 한다.

요즘은 엽산과 철분, 오메가3가 모두 함유된 임산부 전용 영양제도 다양하니 담당의와 상의해 복용할 제품과 적정량을 결정하길 권한다. 또는 아빠가 직접 인터넷으로 임부들이 많이 먹는 브랜드를 검색해도 좋다. 클릭 몇 번으로 영양제를 구매하고 챙겨주는 일은 손쉽게 엄마의 몸과 마음을 돌볼 수 있는 효과적인 방법이다.

난 여기서
잘 크고 있어요

 힘들고 괴로운 임신 기간을 견딜 수 있는 자원은 엄마의 모성과 아빠의 조력이다. 그리고 중간중간 전해지는 아이의 응원이 엄마, 아빠에게 무엇이든 할 수 있을 것 같은 힘을 실어준다.
 임신 6~7주차면 초음파 검사실에서 아기의 심장 뛰는 모습을 보고, 박동 소리를 들을 수 있다. 흑백의 영상 속에서 밤하늘의 별처럼 반짝이는 심장의 여린 울림은 그 무엇보다 강하게 엄마, 아빠 마음을 두드린다. 10주차에는 아기의 얼굴 윤곽이 서서히 드러나고 팔, 다리를 꼬물대는 모습도 관찰할 수 있다.
 작은 씨앗 같던 아기가 점차 사람의 모습으로 변모해가는 과정을 보면 부모의 입에서는 절로 감탄사가 터져나온다. 평소 입덧이 심해 괴롭던 엄마도, 바쁜 일 때문에 신경을 많이 쓰지 못하던 아빠도, 아이가 잘 커가는 모습을 보는 날엔 매번 그렇게 고맙고 대견할 수가 없다.
 아이의 소식을 들으며 하루 이틀을 지내다 보면 어느새 임신 4개월차, 16주를 지나면서 엄마의 입덧이 조금 잦아든다. 물론 여전히 화장실을 자주 들락거려야 하고 가슴도 답답하지만 그래도 이 시기에 많은 엄마가 한결 편안해짐을 느낀다.

20주차에는 또 한 번의 큰 감동이 찾아온다. 태동이 시작되는 것이다. 아기가 발로 찰 때마다 엄마는 놀란 표정으로 "오! 오!" 소리를 지른다. 그럼 아빠도 하던 일을 멈추고 급히 아내 곁으로 가서 조용히 손을 얹지만 간혹 새침한 녀석들은 하이파이브를 쉽게 허락해주지 않는다. 그러다 마주치는 날엔 신이 나서 어쩔 줄 모른다.

엄마와 아빠는 여러 가지 방법으로 아이와 교감하며 그때마다 감동해 얼굴이 상기된다. 배 속의 아이는 그렇게 우리를 응원하며 소리친다.

'나는 여기서 잘 크고 있으니 너무 걱정 마세요! 우리 빨리 만나요!'

임신 후기 엄마의
두려움 돌보기

중기가 지나며 찾아온 여유는 이제 임신 그다음을 떠올리게 한다. 그것은 상상만으로도 엄마의 가슴을 철렁이게 만드는 출산이다. 우리는 모두 이미 출산을 경험했다. 물론 그때와 지금은 정반대 입장이 되었지만 말이다. 인류를 포함한 모든 동물의 시작은 출산이었고, 출산의 끝이란 곧 종의 종말이나 마찬가지다.

예나 지금이나 출산은 유독 인간에게 더 어렵고 두려운 일로 여겨진다. 지능이 높아지고 완벽한 직립보행이 가능해지면서 인간은 다른 영장류보다 큰 머리와 작은 골반을 갖게 되었다. 골반이 작아진 만큼 태아가 지나오는 산도 또한 좁아졌고, 아기의 몸이 회전하며 세상에 나오는 사이 엄마는 뼈가 뒤틀리고 살이 찢어지는 고통을 겪는다.

다큐멘터리나 드라마에 등장하는 출산 장면은 하나같이 인상이 찌푸려지는 고통의 현장이다. 그렇다 보니 요즘의 신혼부부에게 출산은 떠올리기만 해도 너무나 두렵고 긴장되는 공포가 되어버렸다.

그러나 우리가 모두 경험한 일이자 앞으로도 인류 대부분이 경험할 출산은 마냥 어렵고, 두렵고, 괴롭기만 한 일일까? 물론 고통을 피할 순 없겠지만 조금이나마 편안하게, 격렬하더라도 긍정적인 감정을 섞어 이 필연적 이벤트를 맞이할 수는 없을까? 지금부터 이를 지향하는 최근의 국내 흐름을 소개하고자 한다.

엄마, 아빠, 아이가 주체가 되는 자연주의 출산

우리 부부는 임신 두 달 차에 지인의 추천을 받고 자연주의 출산 전문 병원으로 산부인과를 옮겼다. 자연주의를 지향하는 병원에서는 말 그대로 출산을 아주 자연스러운 일로 여기고 의료적 개입을 최소화한다. 분만유도제를 주입하기보다 배 속의 아기가 준비를 마치고 스스로 나오겠다는 움직임을 보일 때까지 기다리고, 무통 주사를 맞기 전에 엄마 스스로 고통을 다스리기 위한 적극적인 노력을 한다. 수술대 위에서 다리를 쩍 벌려 올린 자세가 아니라 침대에서 엄마가 가장 편안하게 느끼는 자세로 아기를 낳고, 출산 후에도 억지로 아기를 울리거나 엄마와 떼어놓지 않는다.

자연주의 출산이라고 해서 무조건 의료적 개입을 배제하는 건 아니다. 위험이 감지되면 바로 숙련된 의사와 간호사가 투입되고 필요시에는 수술도 한다. 분만유도제나 무통주사를 지양하는 이유는 그것이 되레 난산의 원인이 될 수 있기 때문이다. 준비가 안 된 아기를 인위적으로 나오게 자극하고, 통증을 감소시켜 엄마 스스로 힘을 줄 수 없게 만들면 출산이 더 어려워지고 불필요한 제왕절개의 가능성이 커진다. 이를 경험한 엄마, 아빠들 마음에는 출산이 어렵고, 두렵고, 괴로운 일로 새겨진다.

자연주의 출산에서는 엄마와 아빠 그리고 아기가 주체가 되어 출산 과정을 주도한다. 이를 위해서는 사전교육이 필수다. 의료진과 전문가로 구성된 강사들은 출산의 전 과정을 프리뷰해주고, 성공적으로 출산을 해낸 선배부모들의 좋은 예도 보여준다.

지금까지는 침대에 누워 이를 악물고 소리를 지르는 모습이 익숙했지만 새로운 영상 속 엄마들은 한결 편안한 표정으로 심호흡하며 출산 과정에서 남편과 대화를 주고받았다. 고통이 절정으로 치달을 때에는 이미 아이의 머리가 반 이상 보였고, 수차례의 큰 호흡과 힘주기 끝에 순풍 아이가 밀려나왔다.

아이를 품에 안고 감격에 겨운 엄마의 얼굴엔 고통이 가신 지 오래였고, 곁을 지키는 아빠는 기쁨에 어쩔 줄을 몰랐다. 그들의 표정엔 '우리가 정말 잘해냈어'라는 성취감이 엿보였고, 공포를 다스리며 건강히 출산에 성공한 모습이 너무나도 멋지게 보였다.

이어서 '여러분도 할 수 있다'는 정신교육과 고통을 완화하는 자세, 호흡과 이완법, 기저귀 착용법, 모유 수유 강좌 등 실용적인 교육이 이어졌다. 모든 교육에는 반드시 남편이 함께 참여해야 했고, 진통이 시작될 때부터 출산까지 전 과정에서 남편에게 역할이 주어졌다.

마지막으로 리허설까지 마친 우리는 마냥 두려웠던 출산을 새로운 시각에서 바라볼 수 있었다. 초심자의 두려움은 자신감으로 대체됐고, 불안하고 피하고만 싶던 그 날에 대한 기대가 생겼다.

우리 부부에게는 출산을 경이롭고 감동적인 순간으로 여기는 자연주의적 접근이 잘 맞았다. 출산의 고통을 잘 몰라서도 아니었고, 의료적 개입에 대한 부정적인 인식이 있어서도 아니었다. 그저 출산의 주체가 '우리'라는 점이 좋았다.

또한 의료 기술이 지금처럼 발전하기 훨씬 이전부터 전 인류가 해내온 일이라면 우리 역시 충분히 잘해낼 수 있으리라 생각했다. 그만큼 '출산은 지극히 자연스러운 삶의 이벤트'라는 인식이 강했다.

물론 우리에게 어떤 사정이 있거나 산모 혹은 태아가 위험해 의료적 개입이 필요했다면 당연히 자연분만을 고집하지 않았을 것이다. 하지만 특별한 경우가 아니라면 우리는 모두 출산을 잘해낼 수 있는 사람들이다. 분명히 고통스럽지만 감당할 수 없는 정도는 아니다.

나아가 아기를 만나는 행복감이 그 고통을 충분히 상쇄해준다. 이러한 세계를 모르기 때문에 대다수 예비부모가 실제로 경험하는 고통에 앞서 너무 커져버린 공포에 먼저 압도되고 만다.

노르웨이 아케르스후스 대학병원의 연구에 따르면 산모가 출산을 두려워하면 분만 시간이 평균 1시간 반 이상 늘고, 분만 중 도구를 사용하거나 제왕절개를 할 가능성이 높아진다. 엄마가 걱정과 두려움을 느끼면 혈중 카테콜라민 호르몬의 농도가 증가하는데 이 호르몬이 태아를 내보내기 위한 자궁의 수축을 방해하기 때문이다. 이처럼 출산의 고통이 엄마를 괴롭히기 전에 두려움이 먼저 출산을 고통스럽게 만든다.

우리도 처음 본격적인 진통이 시작되었을 땐 급작스럽고 강한 파도에 휩쓸려 순간 공황 상태에 빠졌다. 그러나 몇 번의 연습과 리허설 덕분에 금세 제정신을 차렸고, 고난의 언덕을 넘자 생전 처음 느껴보는 벅찬 감동과 마주할 수 있었다. 준비하면 우리 모두 충분히 해낼 수 있다.

출산 소식과 준비물

임신 막달이 되면 엄마, 아빠는 늘 마음이 불편하다. 엄마의 불안은 말할 것도 없고 아빠 역시 자기가 곁에 없을 때 갑작스럽게 진통이 시작될까 늘 신경이 쓰인다. 특히 초보 엄마, 아빠는 경험이 없다 보니 출산이 시작되더라도 그것을 분간해내기가 어렵다.

출산이 임박하면 배가 아래로 처지고, 진진통이 시작되며 결정적으로 이슬이 비친다. 그러나 예비부모는 배가 내려간다는 게 도대체 어느 정도를 말하는 건지, 진진통과 가진통은 어떻게 다른지, 종종 흐르는 분비물이 이슬은 아닌지 혼란스럽다.

우리도 진짜 산고가 시작되기 전에 두어 차례 겁나는 경험을 했다. 37주차에 아내는 전에 없이 심한 고통을 느끼며 움츠렸고, 갑작스레 찾아온 소식에 우리의 가슴은 덜컥 내려앉았다. 사전 교육을 받았음에도 이성적인 판단이 어려웠고 '어떡하지' 네 글자만이 머리를 가득 채웠다.

다행히 금세 진통이 완화되었지만 맛보기 고통에 충만했던 우리의 자신감은 급격히 추락했다. 그 후에도 아내는 배가 내려간 것 같다거나 전과 달리 생리하듯 배가 아프다며 종종 걱정스러운 표정을 짓곤 했다.

막달이 되면 산부인과에서 태동검사와 자궁수축 검사를 한다. 결과 그래프에 진폭이 큰 곡선이 주기적으로 나타나면 출산이 임박했음을 의미한다. 출산하기 2~3일 전에는 이슬이 비치는데 이는 태아를 감싼 막에 틈이 생기면서 소량의 출혈이 분비물과 함께 묻어나는 것이다. 그러나 이슬이 비치고 일주일이 지나서야 출산이 시작되거나 이슬 없이 바로 진통부터 오는 경우도 있다.

막달에는 언제든 출산이 시작될 수 있으므로 36주경에 미리 출산 준비물을 캐리어에 챙겨둬야 한다. 필수품은 엄마, 아빠의 속옷과 서너 벌의 여분 옷, 출산 중 수분 보충을 위한 빨대 달린 물병, 화장품, 칫솔, 수건, 엄마가 편히 신을 슬리퍼, 휴대폰 충전기, 카메라 등이다.

예비엄마, 아빠에게 출산이란 분명 두렵고 긴장되는 일이지만 언제까지고 피할 수만은 없다. 미리 준비물을 챙기고 리허설을 통해 마음을 다져야 실제로 진통이 시작될 때 정신을 놓지 않고 대응할 수 있다. 특히 엄마가 상상 이상의 고통에 압도되었을 때 아빠는 엄마를 다독이며 신속히 이동준비를 해야 한다.

만나서 반갑습니다

몇 번의 허탕을 친 이후 어느 날 밤, 아내는 약한 진통을 느꼈지만 이번에도 아닐 거라고 생각하며 그대로 잠이 들었다. 그러나 새벽 3시쯤

심상치 않은 느낌에 진통체크 애플리케이션을 켜고 주기를 확인하기 시작했다. 어느새 새벽 5시, 진통이 5~6분 간격으로 반복됐고, 내가 산부인과에 전화를 하는 사이 양수가 터지며 아내는 차원이 다른 통증에 몸을 웅크렸다.

급히 준비물을 챙겨 산부인과로 이동하는 동안 나는 차마 아내에게 호흡으로 통증을 다스려보라는 말을 건넬 수 없었다. 식은땀을 흘리며 끙끙 앓는 아내가 너무나 고통스러워 보였기 때문이다. 그동안 교육받고 연습한 게 소용이 없어지는 듯했다. 유일하게 할 수 있는 일이라곤 신호에 걸릴 때마다 뒷좌석으로 몸을 돌려 손을 잡아주는 것뿐이었다.

병원에 도착하니 벌써 자궁문이 6cm나 열려 있었다. 고민할 필요도 없이 무통주사는 이미 날아간 상태였다. 경험자들에게 기적이라 일컬어지는 무통주사는 일반적으로 자궁문이 3~4cm 정도 열렸을 때 놔주고 그 후에는 잘 투여하지 않는다. 곧 출산이 시작되기 때문이다. 그러나 앞서 언급했듯 자연주의 출산에서는 난산의 원인이 될 수 있다는 이유로 추천하지 않는다.

5분여의 내진 후 새벽 6시쯤 우리는 어둑한 분위기의 분만실로 자리를 옮겼다. 그새 진통은 더욱 심해졌다. 조산사와 내가 함께 호흡하며 아내를 진정시키려 했지만 정신이 반쯤 나간 아내는 온몸에 힘을 주며 고통을 정면으로 맞섰다. 얼굴은 땀으로 범벅이 됐고, 끙끙대는 신음이 쉴 새 없이 터져 나왔다. 아내가 고통과 공포로 패닉 상태에 빠져드는 순간, 주치의가 들어와 두 손으로 아내의 얼굴을 감싸며 말했다.

"엄마! 정신 차려요. 이제 시작인데 이렇게 힘 빼면 안 돼. 저번에 배운 것처럼 깊게 호흡하다 보면 곧 파도가 지나갈 거예요."

주치의가 눈에 힘을 주고 말하자 아내도 번뜩 정신이 돌아오는 것 같았다. 그제야 교육받은 대로 긴 호흡을 시도하며 고통을 다스리기 시작했다.

"그렇지. 잘하고 있어. 지금 아기도 나오려고 안에서 많이 노력하고 있으니까 엄마도 조금만 더 힘내요."

배 속의 아기도 노력하고 있다는 말에 휘몰아치던 태풍이 잦아들었고, 아내는 극심한 고통에 종종 호흡을 놓치면서도 정신을 부여잡으려 애썼다. 중간중간 고통이 덜할 때는 짧은 시간이나마 기절한 듯 휴식을 취했고, 그러다 다시 파도가 밀려오면 온 힘을 다해 내 손을 움켜쥐었다. 평소 인내심이 많은 아내가 그렇게 괴로워하는 모습을 처음 봤기에 나 역시 마음이 아프고 울컥해 아내를 더욱 꼭 안아주었다.

출산 시 태아는 머리와 어깨보다 좁은 산도를 통과하기 위해 엄마의 배 방향을 바라보는 자세로 산도에 진입했다가 180도 회전하며 엄마의 엉덩이 쪽에 얼굴을 두고 세상에 나온다. 이 과정에서 골반을 중심으로 관절이 벌어지고 음부와 항문 사이, 즉 회음부가 3, 4cm가량 찢어진다. 정말로 엄마는 출산을 하며 뼈가 뒤틀리고 살이 찢어지는 고통을 경험하는 것이다.

얼마의 시간이 흘렀을까. 쉴 틈 없이 고통이 몰려오자 아내가 떨리는 목소리로 물었다.

"얼마나 남았어요?"

조산사가 대답했다.

"이제 십 분. 엄마 조금만 더 힘내요. 이제 다 왔어요."

나는 속으로 아내를 격려하는 거짓말이라고 생각했다. 시간을 확인하진 못했지만 기껏 두 시간이나 지났을 무렵이었기 때문이다. 그런데 잠시 후 정말로 아기를 맞이하기 위한 집기들이 들어왔고, 그제야 내게도 '진짠가?' 하는 기대감이 들었다. 아내는 조금만 더 진통이 길어졌다면 그 순간 포기했을지도 모른다고 회상했다.

아기의 머리가 보이기 시작하자 의사는 내게 침대로 올라가 아내를 품에 안고 힘주기를 돕도록 했다. 의사, 조산사, 간호사, 나까지 모두 아내와 함께 힘주기를 몇 차례, 반쯤 나온 아기의 뒤통수가 눈에 들어왔다. 아내를 안던 팔에 힘을 주며 이 기쁜 소식을 귓가에 전하자 아내는 더 힘을 냈다. 조금씩 조금씩 밀려나오던 머리가 완전히 빠져나왔고 어깨에서 잠시 숨을 고른 후 다시 몇 번의 힘을 주자 스르륵 아이가 밀려나왔다.

의사는 간단한 확인을 한 후 곧장 아기를 엄마에게 안겼고, 눈물과 땀으로 범벅이 된 아내는 나오느라 애썼다며 아기를 꼭 안아주었다. 아내의 표정에서 편안함과 황홀함이 묻어났다.

그 사이 태반의 출산이 이어졌고, 부분 마취 후 찢어진 회음부를 봉합했다. 아내는 몇 번 인상을 찌푸리며 낮은 신음을 뱉었지만 마취나 봉합은 출산에 비할 고통이 아니었다.

　모든 과정이 끝나고 아내가 옷을 갈아입는 사이 나는 윗옷을 벗고 아기를 배에 얹어 캥거루 케어를 했다. 맨몸을 부대끼며 스킨십하는 캥거루 케어는 아기의 심리적 안정감과 면역력을 높여준다고 알려져 있다.

　가만히 앉아 바라보고 있자니 아이와 맞닿은 심장의 두근거림이 느껴졌다. 몇 번의 울음 끝에 이 세상과의 첫 만남을 잘해낸 우리 아기에게 고마웠고, 눈을 감은 채 꼬물대는 손가락과 발가락이 그저 신비로웠다.

　건강한 출산 소식을 양가 어머니께 전하자 기쁨과 감사에 이어 하나같이 목이 미어져 우셨다. 출산할 때 겪는 어미의 고통을 누구보다 잘 아시기 때문이다. 그때를 회상해보면 나 역시 사투를 견디던 아내의 모습이 먼저 떠올라 여전히 울컥해진다.

　기진맥진하면서도 다시 아기를 건네받은 엄마는 눈을 맞추며 인사를 나눈다.

　'만나서 반갑습니다.'

만나서 반갑습니다

- 임신을 하면 태반이 생성되고 자궁이 팽창하며 오장육부가 압박되고 움직인다.
- 임신기에는 자궁이 방광을 자극해 소량의 소변이 잦아지고, 장 기능의 부진으로 인한 변비와 치질이 생길 수 있다.
- 임신부는 혈액량이 증가하고 심박 수가 빨라지며 24시간 활동하는 태반의 영향으로 신진대사량과 피로감이 높아진다.
- 임신기 분비되는 호르몬의 영향으로 입덧과 소화불량, 잇몸 출혈이 생기고 코피가 잦아진다. 또한 각종 관절이 약해진다.
- 산후우울증의 50% 이상이 임신기에 시작되므로 임신부의 정서 케어에 유의해야 한다.
- 엄마가 부정적 감정을 느끼면 스트레스 호르몬 코르티솔이 태아에게 전달돼 축적된다.
- 태교의 목적은 엄마를 행복하게 해 태아에게 좋은 호르몬과 영양을 전달하는 데 있다.
- 임신 중에는 탄수화물, 지방은 평소대로 섭취하되 단백질 섭취량을 늘려야 태아 성장에 이롭다.
- 임부가 기생충에 감염되면 태아 기형이 일어날 수 있으므로 잘 익힌 음식을 먹어야 한다.
- 임신기 비만은 아이의 비만 가능성을 높인다.

- 엽산은 임신 3개월 전부터 섭취하고 모유 수유 시 산후에도 섭취한다.
- 임신 6~7주차부터는 태아의 심장 뛰는 모습을 보고, 박동 소리를 들을 수 있다.
- 임신 7주차 이후에는 하루 아메리카노 한 잔 정도의 카페인 섭취는 괜찮다.
- 10주차에는 태아의 얼굴 윤곽이 드러나고 팔, 다리를 움직이는 모습을 관찰할 수 있다.
- 16주차부터는 철분과 오메가3도 섭취하는 게 좋다.
- 16주차에는 입덧이 잦아들고 20주경에는 태동이 시작된다.
- 36주차에는 출산 준비물을 미리 싸두어야 한다(속옷과 여분 옷, 빨대 달린 물병, 화장품, 칫솔, 수건, 슬리퍼, 휴대폰 충전기, 카메라 등).
- 임신 막달 태동검사와 자궁수축 검사에서 주기적인 파동이 생기면 출산이 임박한 것이다.
- 산모의 두려움은 분만 시간을 지연시키고 분만유도제나 무통주사는 난산 가능성을 높인다.

생후 1년 엄마와 아이 돌보기

볼비의 애착이론을
중심으로

3

고통 끝에 만난 아기는 그야말로 인생 최고의 선물이다. 산후 초기 1~2주는 아기를 바라보기만 해도 마음이 간지럽고 입이 씰룩거린다. 기저귀를 갈거나 목욕을 시켜도 힘들기는커녕 즐겁고 설레기만 하다. 하지만 코스모스 가득한 꽃길이 언제까지고 이어지지는 않는다. 때로는 뜨거운 아스팔트 위에서 땀을 뻘뻘 흘릴 수도 있고, 가끔은 질척한 진흙탕에 빠져 신발을 버릴지도 모른다. 어쩌면 미끄러운 빙판길과 가시밭길을 지날 수도 있다.

이 장에는 부모 되는 길의 초입에서 볼 수 있는 몇 가지 풍경을 담았다. 발달심리학자들이 손꼽아 강조하는 장면들이다. 생후 초기가 중요한 이유는 이 시기에 자존감의 뿌리인 근본적 신뢰감이 형성되기 때문이다. 자존감 높은 아이를 키우고 싶다면 아빠도 초기 발달과정을 이해하고, 엄마가 심은 모종에 적절히 물을 뿌려줘야 한다. 자칫 산후우울증의 샛길로 빠질 수 있는 엄마를 에스코트하는 일도 아빠에게 주어지는 중요한 임무다.

살얼음처럼 여려진 엄마의
산후우울증

2015년 인구보건협회에서는 1,309명의 엄마를 대상으로 출산 경험에 대한 설문조사를 했다. 그 결과 무려 90.5%의 엄마가 산후우울을 경험했다고 응답했다. 불쑥불쑥 올라오는 화와 짜증, 슬프고 우울한 감정은 엄마의 의욕을 떨어뜨렸고, 아이와 자기 자신을 향해 날을 세우게 했다. 응답자의 절반 이상은 아이를 때리거나 거칠게 다룬 적이 있었고, 10명 중 3명은 자살 충동을 느끼기도 했다.

임신기와 마찬가지로 출산 후의 감정변화도 호르몬과 관련이 깊다. 임신기 과다 분비되던 여성호르몬이 평소 수준으로 급격히 돌아가면서 자연스럽게 우울한 감정을 유발하는 것이다. 이처럼 산후 초기 대부분 산모가 경험하는 정상적 우울을 'baby blues'라 한다.

출산 당일에는 아기와의 만남에 정신이 쏠려 고통을 느끼지 못하지만 퇴원할 즈음이면 아기가 놔준 마취제의 효과가 조금씩 떨어진다. 사력을 다해 견디는 과정에서 생긴 온몸의 통증과 느낄 겨를도 없었던 서러움이 뒤늦게 밀려오면 그 순간 주체할 수 없는 눈물이 왈칵 쏟아진다.

산후 초기에 돌봄을 잘 받은 엄마는 의욕적으로 아기를 돌보며 아이와 함께하는 시간을 대부분 기쁘고 감사하게 보낸다. 반면 baby blues를 잘 극복하지 못한 10~15%의 엄마는 산후우울증이 지속되며 무기력하고 슬픈 나날을 보낸다. 우울증에 걸린 엄마는 천사 같은 아기를 눈앞에 두고도 행복을 찾지 못한다. 툭하면 아기가 미워지고 아기를 미워하는 자신에게는 더 큰 실망감을 느끼며 점점 더 깊은 절망에 빠진다.

가장 안타까운 사실은 눈도 못 뜬 채 입을 한껏 벌려 엄마 젖을 찾고, 툭하면 '앙' 울음을 터뜨리는 아기의 모습은 그때가 아니면 다시는 만날 수 없다는 점이다. 돌아오지 않을 이 소중한 순간에 엄마가 어떤 경험을 하느냐는 곁을 지키는 아빠의 손에 달렸다. 특히 출산 후 일주일은 아기에 대한 엄마의 시각이 결정되는 '골든타임'과도 같다.

남자는 나이를 먹어도 애라고들 하지만 애 같은 남자도 가끔은 어른스러워야 할 때가 있다. 아빠가 된 직후가 그렇다. 이 시기의 아이는 세상에서 가장 연약한 존재이고, 엄마는 살얼음처럼 여려져 있다. 물론 아빠도 출산의 고통을 분담했고 초심자로서 불안을 느끼겠지만 그럼에도 이를 극복하고 듬직한 가장으로서 엄마와 아기를 돌봐야 한다.

물론 출산휴가가 끝나면 온종일 엄마 곁을 지키고 있을 수는 없다. 각자의 사정에 따라 돌보는 방법을 조금씩 달리 해야겠지만 엄마에게 관심을 더 기울여야 한다는 점은 공통적이다. 사소한 일이라도 그 안에 담긴 마음이 전해지면 충분하다. 엄마가 먹고 싶어 한 음식을 메모해두었다가 퇴근길에 사가거나 조리원에서 사용할 편안한 슬리퍼를 선물해도 좋고, 고마운 마음을 담아 손편지를 써주어도 좋다. 만약 써본 적이 없다면 이번 기회를 잘 활용하길 바란다. 새로운 시도에 더 많은 노력이 필요하다는 사실을 우리 모두 익히 알고 있다.

그렇게 떨어져서는 수시로 엄마를 떠올리고, 곁에 있을 때는 정성을 다해 돌봐줘야 엄마의 마음이 따뜻해지고, 아기를 향한 눈빛에도 온기가 생긴다.

먹고 자고 싸는 갓난아기 돌보기

신생아의 평균 키와 몸무게는 51cm, 3.3kg이다. 개인차가 크지만 2.5kg에서 4kg 안에만 들면 정상범위에 해당한다. 아기의 키와 몸무게는 임신 중 초음파 검사를 통해 정기적으로 체크하고 관리해준다.

생후 초기 아기는 내장기관의 기능이 미숙해서 많이 먹지도 못하고 소화도 어렵다. 아기가 첫날 먹는 모유량은 2~10ml로 몇 방울도 안 되는 극소량이다. 그러니 산후 초기 젖이 잘 나오지 않는다고 너무 걱정할 필요는 없다. 상황에 따라 분유로 보충 수유를 해줄 수도 있다.

수유 후에는 아기를 세로로 안고 등을 툭툭 두드려주거나 위아래로 문지르며 트림을 하게 해야 한다. 매번 트림이 나오지는 않지만 5~10분 정도 소화할 시간을 가져야 애써 먹은 것을 토하지 않는다. 특히 아기를 재울 땐 천장을 보는 자세를 피하고 수시로 이상 유무를 확인해야 한다. 건강하던 아이도 토사물이 기도를 막으면 사망에 이를 수 있기에 각별한 주의가 필요하다.

침구도 오리털처럼 푹신한 제품은 코와 입을 막을 수 있어서 위험하다. 아기에게는 라텍스나 메모리폼처럼 단단한 제품이 적합하다. 등에 땀띠가 났거나 예쁜 두상을 만들기 위해 엎드려 눕힐 때는 꼭 엄마, 아빠가 곁에서 지켜보고 있어야 한다.

생후 3~4개월까지는 밤낮의 개념이 없어 2~3시간 간격으로 먹고 자기를 반복하며 하루 평균 15~16시간을 잔다. 잠을 잘 자는 아이일수록 뇌 발달이 원활하고 면역력이 높으며 소아비만과 ADHD가 발생할 가능성은 낮다. 뼈의 성장도 수면 중에 가장 많이 이루어지므로 자는 시간은 곧 '자라는 시간'이라고도 할 수 있다.

예민한 아이는 작은 소리에도 깜짝깜짝 놀라고 엄마가 품에서 내려놓기만 하면 잠에서 깨 울어댄다. 초보 부모는 하루에도 몇 번씩 아기를 재우느라 진땀을 뺀다. 아기는 졸려 하면서도 떼를 쓰며 안자고 때로는 잠들지 못해 괴로워한다. 그나마 어두운 조명 아래에서 적당한 체온을 유지해주고 엄마가 안고 토닥이며 자장가를 불러주는 게 최선이다.

노는 시간과 잠자는 시간이 조금씩 길어지면 자연스럽게 낮에는 놀고 밤에는 잘 수 있도록 길들여야 한다. 특히 백일부터는 자기 전에 따뜻한 물로 씻기고 밤에 4~5시간 이상 충분히 재우며 밤중 수유를 줄여가야 한다. 그래야 아이도 푹 자서 컨디션이 좋고 엄마에게도 조금이나마 여유가 생긴다.

물론 밤중 수유를 끊을 때는 아기의 의사를 확인하는 과정이 필요하다. 생후 4개월부터는 아기가 자다가 깼을 때 무조건 수유를 하지 말고 일단 달래어 재우는 시도를 해본다. 아이가 금세 다시 잠든다면 밤중 수유를 끊는데 아이도 동의한 것이다. 그러나 계속 울고 보채며 잠들지 못할 땐 적당히 수유를 해주며 의견을 조율한다. 그렇게 생후 초기부터 아이와 대화하고 맞춰가는 습관을 들여야 한다.

아기가 잘 먹고, 잘 잔다면 남은 과제는 잘 싸는 것이다. 아기는 생후 24시간 내에 태변과 첫 소변을 본다. 양수의 찌꺼기가 섞여있는 태변은 검고 찐득하지만 별 냄새는 안 난다. 처음엔 아이가 똥, 오줌만 싸도 그게 그렇게 신기하고 반가울 수가 없다.

간혹 1~2주차 여아의 기저귀에는 소량의 피가 묻어나올 수 있는데 이는 출생 후 에스트로겐 호르몬의 농도가 낮아지면서 생기는 일시적인 증상이며 저절로 사라진다. 만약 오렌지색이나 선홍빛 소변을 봤다면 피가 아니라 요산 결정이 섞여 있을 가능성이 크다. 수유 기간에 요산뇨를 보는 건 큰 문제가 아니며 수유량을 늘려 수분을 보충해주면 대부분 호전된다. 물론 요산인지 혈액인지 구분이 어렵거나 붉은 소변을 계속 본다면 즉시 병원 진료를 받아야 한다.

생후 5일이면 아이는 정상적인 대변을 본다. 건강하면 황금 변을 본다는 속설이 있지만 실제로는 변의 색이나 상태만으로 건강 상태를 판단할 수는 없다. 일반적으로 분유를 먹는 아이들은 하루 한 번 정도 되직한 변을 본다. 모유를 먹는 아이들은 그보다 묽은 변을 보고, 빈도가 일정하지 않다. 어떤 아이는 일주일 정도 변을 보지 않을 수도 있고, 반대로 하루 몇 번씩 변을 보는 경우도 있다. 따라서 아이가 일주일에 한 번 황금 변을 보든, 하루에 네댓 번 녹변을 지리든, 잘 먹고, 잘 자고, 컨디션이 좋다면 변의 상태는 조금씩 달라져도 괜찮다.

엄마, 아빠 잘 못해도 내가 봐줄게요

아동 발달이나 육아 공부를 많이 하고 가끔 조카를 돌본 경험이 있더라도 막상 갓 태어난 아기를 안을 땐 긴장감에 손가락이 굳는다. 아기가 울음을 터뜨리면 이마엔 식은땀이 송골송골 맺히고, 달래도 울음을 그치지 않으면 초보 부모는 큰일이 날 것만 같은 불안감에 휩싸인다.

겁이 난 엄마, 아빠는 아기가 울 때마다 도움의 손길을 찾는 데 급급하다. 조리원에 있을 땐 간호조무사에게, 집에 와서는 할머니에게 아기를 건네는 것이다. 그렇게 해서 아기가 금세 안정되면 초보 부모는 그들의 능숙함과 자기의 미숙함을 비교하며 아기를 안을 자신감을 점점 잃어간다. 그러나 아무리 뛰어난 조무사가 있더라도 결국 아기는 엄마, 아빠 손에 자란다. 우리에게 주어진 부모의 책임과 권한은 세상이 뒤집어져도 변하지 않는다.

초보 부모는 못하는 게 당연하다. 병원이나 조리원에서 일하는 분들은 아기 돌보기를 업으로 하는 전문가다. 그에 반해 우리는 아직 아기를 안는 일조차 어설픈, 그야말로 초짜 중에 초짜다. 그 차이를 받아들이지 않는 것은 그분들이 공들인 시간과 노력을 무시하는 격이다. 초보 부모라면 아기의 울음소리를 빨리 파악하지 못하고 어설프게 대처하는 게 정상이다. 그러니 자괴감에 빠지기보다 부족함을 인정하고 배울 준비를 하자.

물론 마음의 준비를 단단히 하더라도 아기가 울면 당황스럽긴 마찬가지다. 그럴 땐 단번에 안정시키지 못해도 괜찮다고 스스로를 격려하자. 잠깐 운다고 아기는 어떻게 되지 않는다. 또 애초에 신생아의 울음은 우리가 흘리는 눈물과는 조금 다르다.

아직 언어를 사용할 수 없는 아기는 울음으로 말한다. '엄마, 배고파요!' '엉덩이가 축축해요!' '졸려요!' '더워요!'라며 부모의 관심을 끌고 의사를 전하는 것이다. 물론 너무 오랫동안 문제가 해결되지 않으면 아기도 이내 짜증이 나고 불안해져서 '아, 배고파 죽겠다고!!!'라며 진짜 울음을 터뜨린다.

단번에 맞추지 못하더라도 부모가 할 수 있는 대응은 결국 서너 가지뿐이다. 젖을 물려보거나 기저귀 상태를 확인하고, 적정 실내온도를 맞추는 데 걸리는 시간은 길어야 2~3분이다. 아이가 잠투정을 하거나 성장통을 앓을 때는 부모도 딱히 해줄 수 있는 일이 없다. 그저 가만히 안고 다독이며 괜찮아질 거라고 달래주는 게 최선이다. 만약 열이 오르거나 평상시와 다른 양상을 보일 땐 바로 병원에 달려가야 한다. 허탕을 치더라도 매번 가는 편이 낫다.

특별한 상황이 아니라면 아기도 초보 엄마, 아빠가 헤매는 정도는 기다려줄 수 있다. 그러니 틀릴까 봐 두려워하지 말고 아기가 내는 퀴즈에 자꾸만 답을 제시해보자. 그렇게 정답을 하나씩 맞춰가며 가벼운 마음으로 육아를 시작한다면 한 달만 지나도 '아기울음 해석능력'이 일취월장할 것이다.

산후우울을 경험하는 엄마 10명 중 4명은 우울의 원인으로 '양육의 어려움'을 꼽았다. 힘들고 어려운 건 그만큼 잘하고 싶은 마음이 크기 때문이다. 그러나 좋은 마음도 과하면 부작용이 생긴다. 부담감에 압도된 엄마는 육아에 대한 자신감을 잃는다. 그리고 그 불안은 아기에게도 고스란히 전달된다.

아빠는 곁에서 틈이 날 때마다 엄마를 칭찬하고 응원해야 한다. 설령 엄마가 정말 실수를 했더라도 지적하기보다 더더욱 괜찮다고 격려해줘야 한다. 엄마는 이미 자기 잘못을 누구보다 잘 알고 있다. 그런 엄마에게 잘못을 한 번 더 강조한들 무슨 의미가 있을까? 아기에게는 오랫동안 실수를 자책하는 엄마보다 죄책감을 털어내고 다시 건강한 마음으로 돌보아줄 엄마가 필요하다.

"조심 좀 하지"라는 말이 목구멍까지 올라와도 꾸역꾸역 삼키고, "당신이 요즘 힘들어서 그런 거야. 괜찮아"라고 엄마를 위로하고 다독이자. 잠깐이라도 직접 아기를 돌보며 엄마에게 쉴 시간을 주자. 아기를 돌볼 자신이 없다고 걱정하지 않아도 된다. 아기는 금세 울어재끼며 엄마를 불러낼 것이다. 그럼 어쩔 수 없는 듯 아기를 건네며 말하자.

"역시 우리 아기는 당신이 아니면 안 되나 봐. 고마워."

모유로 고민하는 엄마

아기는 생후 1년간 하루가 다르게 성장한다. 그런 아기를 향한 엄마, 아빠의 마음도 눈에 띄게 달라진다. 갓 태어난 아기를 만난 얼떨떨함은 하루 이틀만 지나도 금세 사랑으로 변성한다. 한두 주가 지나면 그 크기가 금세 불어나서 아빠는 출근길부터 눈앞에 아기가 아른거리고 사진을 보면 자연스레 입꼬리가 올라간다. 반면 엄마는 한 가지 무거운 과제에 당면한다. 출산 전부터 흔히 접하는 수유의 난관에 부딪히는 것이다.

모유는 싱싱하고 소화가 잘되며 풍부한 면역성분이 함유된 최고의 영양 공급원이다. 특히 산후 초기에 나오는 노란 빛깔의 모유(초유)는 고농도의 면역성분이 들어있어 반드시 먹이는 게 좋다. 더불어 모유 수유는 엄마의 산후 비만과 당뇨, 유방암, 난소암에도 효과적이라고 알려져 있다. 상황이 허락한다면 대부분의 엄마가 모유 수유를 원하고, 또 병원에서도 권장한다.

문제는 모유가 잘 나올지, 아기가 엄마 젖을 잘 물고 빨지 모른다는 점이다. 모유 수유 강사들은 아기가 엄마 젖꼭지에 익숙해지도록 출생 직후 젖 물리기를 강조하고, 이후에는 두세 시간 간격으로 20~30분 동안 수유를 반복하도록 교육한다. 젖을 물릴 때는 아기가 입을 크게 벌린 순간을 놓치지 말고 유륜까지 깊게 물려야 젖꼭지에 상처가 안 나고 젖도 잘 나온다.

우리는 교과서적인 패턴을 참고하되 개인차를 고려해 아기가 젖을 찾으면 바로바로 물려주었다. 대신 한 번 물면 턱을 만지고 발바닥을 간지럽히며 어떻게든 잠을 깨워 최대한 오래 빨도록 했다.

엄마의 젖이 부족할 때는 분유로 보충 수유를 해줘야 한다. 그러나 생후 초기부터 젖병에 익숙해지면 아이는 살짝만 빨아도 쭉쭉 나오는 젖병을 선호하고 엄마 젖을 거부한다. 그래서 모유 수유를 계획 중인 엄마, 아빠들에게 젖병은 그다지 반갑지 않은 아이템이다.

그렇다고 무조건 모유만 고집할 수도 없다. 젖이 모자라면 아기에게 탈수나 황달이 와서 병원 신세를 져야 하기 때문이다. 이론적으로는 신생아의 위가 워낙 작기 때문에 몇 방울의 모유만 먹어도 건강에 지장이 없지만 실제로 유축을 해보면 양이 너무나 적게 느껴져서 보충 수유에 대한 중압감이 생긴다. 또 모유 수유아는 생후 일주일 무렵 흔히 황달을 겪지만 실제로 아이의 흰자위와 얼굴이 노래지면 초보 부모 역시 불안감에 얼굴이 누렇게 뜬다.

보충 수유 하나에도 초보 엄마, 아빠의 근심은 이만저만이 아니다. 아기가 잘 먹어야 잘 자고, 잘 싸고, 신진대사도 원활해질 텐데 첫 단추부터 잘 끼워지지 않으니 늘 마음이 편치 않다. 특히 이 순간 많은 엄마가 자신을 책망한다. 안 그래도 산후 초기 우울한 상황에서 내 젖이 충분치 않아 아기가 고생하는 것 같으니 죄책감이 들고, 아기에게 좋은 것을 주지 못하는 스스로가 무능하게 느껴지는 것이다.

부정적인 감정에 잠식된 엄마는 합리적인 사고가 어렵다. 조금만 거리를 두고 봐도 지금 이 순간 잘못하고 있는 사람은 없는데, 속상한 마음이 지나쳐 다 자기 때문인 것 같은 착각에 사로잡힌다. 아빠도 아쉽긴 하지만 남자의 특성상 엄마처럼 감정에 깊이 빠지지는 않는다.

아빠는 생각한다. '수유에 문제가 생겼지만 누구의 잘못으로 비롯된 게 아니니 속상하다고 누구를 원망하지는 말자. 분유라도 잘 먹이면 되지, 뭐 큰 차이 있겠어? 나도 분유 먹고 컸는데.'

어디 하나 틀린 데가 없는 생각이지만 그렇다고 울고 있는 엄마에게 바로 늘어놓는다면 "당신은 정말 아무것도 모른다!"는 소리를 들을 게 뻔하다. 격려든, 설득이든, 교육이든 언제나 시작은 충분한 공감에서부터 이루어져야 한다.

이해하는 아빠 vs 공감하는 아빠

요즘은 '공감'이라는 단어를 정말 많이 사용한다. 하지만 여전히 많은 사람이 이해와 공감을 헷갈려 한다. 이 둘은 출발점 자체가 다르다. '나'를 기준으로 '그'에 대해 '생각하는 것'이 이해라면, '그'를 기준으로 그의 입장에서 '경험하는 것'이 공감이다.

내 것이 아니라 그가 살아온 삶을 바탕에 두고, 내 것이 아닌 그에게 형성되어 있는 사고체계로 생각하며, 지금 그 사람이 처해있는 상태에서 느껴야 한다. 그러면 자연스럽게 나도 그 사람의 머릿속 생각과 마음의 감정을 경험할 수 있다. 누군가 나와 같이 느끼고 괴로움을 나눠주는 것은 그 무엇보다 위로가 된다. 그렇게 힘을 얻어 원래의 상태를 회복하면 그때는 누가 가르쳐주지 않아도 스스로 합리적인 생각을 통해 답을 찾을 수 있다.

모유가 적어 울적한 엄마에게 공감하기 위해서는 출산 후 우울해진 감정 상태에서부터 시작해야 한다. 안 그래도 우울한데 다른 엄마들은 잘만 성공하는 것 같은 모유 수유를 나만 못하니 좌절감이 넘쳐 눈물로 흘러내린다.

그 마음을 충분히 경험해보면 "당신 정말 속상했겠다"라는 한마디에 깊은 의미를 담을 수 있다. 이를 잘 전달한 후 "그래도 당신이 잘못한 게 아니야"라고 엄마를 위로해야 한다. 그 후 딱히 할 말이 없으면 그냥 아내가 진정될 때까지 가만히 안아주고 토닥여주면 된다.

안정을 되찾은 후에는 "분유를 먹여도 괜찮다" "나도 분유 먹고 컸다" 등의 이야기를 할 수 있다. 물론 아내가 이를 한 번에 받아들일지, 좀 더 시간이 필요할지는 모른다. 사람마다 새로운 생각을 받아들이는 데 걸리는 시간은 제각각이다. 오래 걸린다고 해서 누가 대신해줄 수도 없다. 억지로 생각을 주입하려 들면 반감만 거세질 뿐이다.

우리 부부도 처음엔 모유량이 적어 고민했다. 엄마 젖을 거부하고 젖병만 찾는 유두 혼동이 올까 봐 보충 수유를 꺼렸지만 그렇다고 황달 때문에 병원에 가는 일도 좋은 경험이 될 것 같진 않았다. 울며 겨자 먹기로 보충 수유를 했지만 아내는 이대로 모유를 줄 수 없게 될까 봐 우울해했고, 그 속상함을 다스리는 데 며칠의 시간이 걸렸다.

정 안되면 분유를 먹이자며 마음을 편히 먹고 3~4주 정도 혼합수유를 하다 보니 그사이 조금씩 젖을 빠는 아이의 힘이 좋아지고 젖양도 늘었다. 그러자 두 달째부터는 양이 부쩍 많아졌다. 특별한 요령 없이 물릴 때마다 20분 이상 수유했고, 젖이 차서 가슴이 딱딱한데 아기가 자고 있으면 유축을 해서 모유를 빼줬다. 그리고 아주 가끔 가슴 마사지를 해준 게 전부였다.

모유 수유 강의와 자료로부터 많은 도움을 받았지만 100% 성공비결은 없는 듯하다. 우리와 똑같이 해도 젖이 잘 나오지 않는 엄마도 있고, 아이마다 입의 구조가 달라 젖을 잘 빨지 못할 수도 있기 때문이다.

이유를 막론하고 아이에게 좋은 것을 줄 수 없다는 건 부모라면 누구나 속상할 일이다. 그래도 엄마들이 모유 수유의 함정에서 너무 늦지 않게 빠져나올 수 있기를 바란다. 모유를 먹이지 못해 생기는 아쉬움도 있지만 그로 인해 엄마가 우울증에 빠지면 아이에게 더 심각한 결핍이 생기기 때문이다. 또 모유를 먹인다고 해서 드라마틱한 효과가 있거나 아이의 미래가 달라지는 것도 아니다.

모유와 분유에 대한 연구의 반전

2015년 1월 오하이오 주립 대학 신시아 콜린(Cynthia G. Colen) 박사의 모유 수유 효과에 대한 논문이 국제 학술지 사회과학과 의학(Social Science and Medicine)에 실렸다. 4세부터 14세까지의 아동·청소년 8,237명을 대상으로 연구한 결과 BMI 지수(신체질량지수로 주로 비만 측정 시 활용), 비만,

천식, 과잉행동, 부모와의 애착, 순응 행동, 어휘력, 독해력, 수리력, 지능 및 학업 성취도 등 11가지 항목에서 모유 수유는 분유 수유보다 긍정적인 효과가 있는 것으로 나타났다. 여기까지는 모유 수유의 장점을 강조한 기존 연구들과 일맥상통하는 결과다.

추가로 자료를 분석하던 콜린 박사는 한 가정에서 자란 형제, 자매들에게 주목했다. 연구 대상자 중 1,773명은 같은 부모에게서 태어나고 자랐지만 어떤 아이는 모유를 먹고 자랐고, 다른 아이는 분유 수유를 받았다. 예를 들어 첫째는 모유 수유를 했지만 둘째는 사정상 모유를 주지 못한 것이다.

콜린 박사는 이 아이들만을 대상으로 다시 한 번 분석을 실시했다. 그 결과, 앞서 의미 있는 결과가 나타난 11개 항목 중 천식을 제외한 10개 항목에서 모유 수유를 한 아이와 그렇지 않은 형제 사이에 통계적으로 유의미한 차이가 발견되지 않았다.

결과를 바탕으로 콜린 박사는 모유 수유의 장점은 인정하나 그 효과가 다소 과장되었을 수 있다고 주장했다. 또한 모유 수유 그 자체보다 성장기 아이에게 영향을 주는 학교의 수준이나 주거환경, 부모의 직업 등 복합적인 요소에 더 관심을 가져야 함을 역설했다. 그리고 모유 수유가 불가능하거나 어려울 때는 엄마를 이해하고 스트레스를 줄여주는 게 엄마와 아이 모두를 위한 최선의 방법이라고 강조했다.

나 역시 이 결과에 100% 동의한다. 만약 모유 수유만으로 아이가 더 똑똑해지고 건강하게 성장할 수 있다면 역설적으로 육아는 식은 죽 먹기나 다름없다. 어디서 비싼 값에 구해와서라도 모유만 먹이면 끝나는 일이니 말이다.

그러나 한 사람의 몸과 마음이 자라 독립된 개인으로 성장해가는 과정은 그리 간단하지 않다. 초보 부모는 당장 생후 1년간 모유를 먹이느냐, 분유를 먹이느냐의 문제에 모든 관심을 집중하지만 그보다는 매순간 부모가 아이 곁에 '어떻게 존재하느냐'가 더 중요한 영향을 끼친다.

모유 수유의 실패에서 벗어나지 못하는 엄마와 그런 엄마를 방치하기만 하는 아빠 사이에서 성장하는 아이는 곧 우울과 무관심을 먹고 자라는 것과 같다. 이들이 부모로서 자기 존재를 깊이 고찰하지 않는다면 아이는 생후 1년이 아니라 성장기 내내 부정적인 정서를 주식으로 삼게 될 것이다. 아이가 묻는다.

'엄마, 아빠 오늘 제 몸과 마음을 채워줄 메뉴는 무엇인가요?'

아기가 나와 다른 기질을
타고났다면

주변을 둘러보면 얼굴이나 분위기가 서로 닮은 커플이 많다. 더 신기한 건 처음엔 안 닮았던 이들이 갈수록 닮아가는 경우다. 서로 닮은 부부는 상대적으로 갈등을 덜 겪는다. 취향과 성향이 비슷해 서로 예측이 가능하고, 그만큼 이해도 잘된다. 이들은 상대를 편하게 느끼고 모두 안다고 생각한다. 그러다 보니 상대가 예상치 못한 행동을 하면 크게 당황하고, 기대한 만큼 실망하기도 한다.

반대로 성향이 완전히 다른 두 사람이 만나 연인이 되기도 한다. 성격 차는 대표적인 이혼사유 중 하나지만 오히려 서로 다른 점을 잘 활용하는 커플도 있다. 이들은 작은 일에서는 티격태격하지만 큰일이 터지면 각자의 장점을 살려 환상의 팀워크를 보여준다. 특히 전혀 생각지 못한 아이디어를 상대로부터 얻을 수 있다는 게 이들만의 강점이다.

이처럼 캐릭터 자체보다 더 중요한 것은 각자의 특성을 극대화할 방법을 찾고, 어떻게 조화를 이뤄내느냐다. 서로를 존중하고 상대에게 적합한 방법으로 다가가면 내·외적 갈등은 줄고 기대 이상의 시너지를 발휘할 수 있다.

20여 년을 따로 살아온 엄마, 아빠의 생각과 성향, 생활양식은 당연히 다를 수밖에 없다. 존중받길 바란다면 그만큼 상대에게 맞추려는 노력도 해야 한다. 다행스러운 점은 우리가 제법 합리적인 사고를 할 줄 아는 성인이라는 사실이다. 우리는 옳고 그름을 판단할 수 있고, 잘 되진 않지만 상대를 배려하는 성숙한 태도를 가지려 애쓴다.

문제는 내 배 아파 낳은 아기가 선천적으로 나와 다른 기질을 타고났을 때다. 하고 많은 사람 중에 하필이면 내 핏줄과 잘 안 맞는다니, 비극이 아닐 수 없다. 게다가 이 조그만 녀석이 어느 정도 클 때까지는 하나부터 열까지 우리가 모두 이해하고, 존중하고, 배려해야 한다. 생후 초기의 아이는 부모에게 맞출 준비가 전혀 되어 있지 않다.

미국의 심리학자 토마스(A. Thomas)와 체스(S. Chess)는 연구를 통해 기질을 세 가지로 구분했다. 첫 번째 유형인 순한 기질의 아이는 먹고, 자고, 싸는 생활패턴이 규칙적이고, 새로운 사람이나 환경에 대한 적응력이 뛰어나다. 전체의 40%에 해당하는 이 아이들은 긍정적이고 평온하며 대체로 엄마에게 순응한다.

15%에 해당하는 느린 기질의 아이는 반응이 느리고 조용하다는 점이 특징이다. 낯선 상황에선 소극적이고 불안해하지만 충분히 시간을 주면 별 말썽 없이 잘 적응한다.

10%의 아이들은 까다로운 기질을 타고난다. 이 아이들은 생활패턴이 불규칙하고, 낯선 환경에 짜증스러운 반응을 보이며 잘 적응하지 못한다. 또 감각이 예민해 작은 소리에도 금방 깨고, 안고 있다 내려놓으면

바로 울음을 터뜨려 엄마를 괴롭힌다. 나머지 35%는 이러한 유형이 혼합된 아이들이다.

아이와 육아의 하모니

세 가지 기질을 비교했을 때 딱 봐도 키우기 편한 아이는 순한 기질의 아이다. 그러나 기질은 우리가 통제할 수 없는 뉴런의 수용체에 의해 결정된다. 그렇다면 아이가 순한 기질로 태어나지 않았다고 해서 우린 그저 뽑기에 실패했다며 실망하고 말아야 할까? 다행스럽게도 서로 다른 성향의 부부가 조화를 이루었을 때 강력한 시너지가 생기듯, 생득적인 기질 역시 부모가 제공하는 양육 환경과 어떻게 조화를 이루느냐에 따라 결과가 달라진다.

아무리 순한 기질을 타고난 아이라도 민감하지 못한 부모, 강압적이고 통제적인 부모의 품에서는 상당한 갈등을 겪는다. 순한 아이는 대체로 별 문제가 없이 평온해 보이기 때문에 다른 아이들에 비해 손이 덜 가고, 주변의 기대가 높아진다. 그러다 보니 이 아이들은 불만이 있어도 털어놓을 기회가 부족하고, 기대에 부응하려고 애쓰는 착한 아이 콤플렉스를 갖기 쉽다.

문제를 잘 드러내지 않는 순한 아이들에게는 더 세심한 관심이 필요하다. 아이가 잘 지내는 듯 보이더라도 주의 깊게 한 번 더 살펴보고, 먼저 다가가 이야기를 건네줘야 한다. 조금만 더 마음을 기울여주면 순한 기질의 아이는 타고난 적응력과 긍정성을 발휘해 자기 삶을 잘 이끌어

갈 수 있다.

느린 기질의 아이를 키울 때 필요한 덕목은 첫째도, 둘째도 인내심이다. 성격이 급한 엄마는 느린 아이가 상황을 파악하고 마음의 준비를 하는 동안 기다려주지 못하고 닦달하거나 심지어 대신 문제를 해결해버린다.

이 아이들은 재촉할수록 불안이 심해져서 적응기간이 늘고 실수가 잦아진다. 그런 아이를 보며 엄마는 더 답답해지고, 부정적인 반응은 아이를 더욱 주눅 들게 만든다. 악순환이 반복되며 아이는 자신감을 잃고 위축된다.

대신 해결해주는 양육태도는 더 큰 문제다. 아이의 입장에서는 연습할 기회조차 얻지 못하는 셈이기 때문이다. 그렇게 자란 아이는 혼자서는 할 수 없다고 생각할 뿐 아니라 실제로도 해낼 능력이 부족하다.

정말 급한 순간이 아니라면 느린 기질의 아이에게는 충분한 준비시간과 적응기간을 부여해줘야 한다. 그리고 아이의 작은 시도와 성과에 열렬히 반응해주며 천천히 그리고 반복적으로 자신감을 키워줘야 한다. 이들은 단지 조금 더딜 뿐, 한 번 적응하면 꾸준히 역량을 발휘한다. 그리고 이 꾸준함이 각 분야의 전문가를 탄생시킨다.

까다로운 기질의 아이를 대할 때는 존중과 단호한 훈육 사이에서 줄다리기를 잘해야 한다. 아무리 부모 마음에 쏙 드는 옷이라도 아이가 불편해한다면 입히지 말고, 원치 않는 음식은 영양소를 채워줄 대안을 찾는 게 좋다. 이 아이들은 고집도 세고, 뭐든지 스스로 하려는 경향이 있다. 위험한 일이 아니라면 그 시도를 존중하며 아이가 가는 길을 곁에서 따라가야 한다.

그러나 아무리 고집을 부리고 떼를 쓰더라도 때로는 안 되는 게 있다는 사실도 가르쳐줘야 한다. 부모가 정확히 선을 긋고 단호하게 훈육해야 아이에게도 기준이 생겨 심리적인 안정감이 형성된다. 부모의 기분에 따라 선이 들쭉날쭉하면 그만큼 아이는 혼란스러워진다. 일관된 양육태도는 얼마나 사전 준비를 철저히 했느냐에 달려있다. 1장에서 살펴본 대로 부모는 자기 가치관을 점검하며 되는 행동과 안 되는 행동을 미리 구분해둬야 한다.

까다로운 아이들을 키우는 과정은 도를 닦는 시간이다. 길 한복판에서 제 뜻대로 해주지 않는다고 고래고래 소리를 지르며 드러누운 아이를 보듬기란 생각만 해도 진땀나는 일이다. 그러나 고난을 견디고 잘 다듬어주면 이 아이들은 섬세한 감각과 창의성을 발휘해 아주 특별한 작품으로 거듭날 가능성이 높다.

기질은 바뀌지 않지만 성격은 바뀐다. 아이는 타고난 기질에 환경과 삶의 경험을 더해 자기만의 성격을 형성한다. 한 사람이 자기를 완성해가는 과정에 동참하는 일은 부모에게만 주어지는 아주 특별한 권한이다. 우리는 아주 가까이에서 아이의 행보를 지켜보며 바른길로 이끄는 '능력 있는 길잡이'가 되어야 한다.

타인과 세상,
자기에 대한 믿음은 엄마로부터

처음 한두 달 육아를 하며 엄마, 아빠가 가장 크게 웃는 순간은 뭐니 뭐니 해도 아기가 배냇짓을 할 때다. 물론 이 시기에는 뭔가 재미있는 생각이 났거나 부모가 반가워서 미소를 짓는 것은 아니다. 아이의 사고능력과 시각기능은 아직 의미가 담긴 미소를 지을 수 있을 정도로 발달해있지 않다.

배냇짓이란 외부 자극과 무관하게 일어나는 표정 변화를 두루 일컫는 말이다. 생후 초기의 미소도 그중 하나일 뿐이지만 아무렴 어떠랴. 그 미소가 세상 무엇보다 우리를 행복하게 해주는 것을. 그리고 조금만 불편해도 울어젖힐 아기가 칭얼대지 않고 생글거린다면 적어도 기분이 나쁘지는 않다고 볼 수 있다.

출생 시 흐릿했던 아기의 눈빛은 2~3주면 초롱초롱해지고, 점차 시각이 발달해서 엄마, 아빠의 얼굴에 초점을 맞춘다. 처음에는 얼굴 라인이나 머리카락 등 외곽을 주로 쳐다보지만 2개월이 지나면서는 이목구비에 집중하며 눈빛을 교환한다. 이 시기의 아기가 초점을 맞추기 좋은 거리는 20~30cm로, 아이를 품에 안고 눈을 맞추다 보면 자연스럽게 초점 맞추기 연습을 할 수 있다. 그렇게 상호작용을 하면서 아기는 엄마, 아빠를 기억하고 알아보며 진짜 미소를 짓기 시작한다.

사람은 경험에 근거해 생각하고 행동한다. 첫 아이를 임신했을 때 적당히 입덧을 하고 출산이 수월했던 엄마는 둘째 출산을 고통스럽지만 그래도 할 수 있는 일로 여긴다. 그러나 열댓 시간 진통하며 난산을 겪은 엄마에게 다시 임신을 한다는 건 생각도 못할 일이다. 아무리 좋은 말을 들어도 숨이 턱 막히는 두려움을 피할 길이 없다.

직접적인 경험은 그만큼 분명한 근거로 작용한다. 특히 첫 경험은 유난히 강렬한 감정과 관념을 만들어 지속적으로 영향을 미친다. 우리는 무의식적으로 처음을 기준 삼아 이후 비슷한 상황을 예측하고 평가한다.

아이가 세상에 태어나 처음으로 만난 사람, 엄마는 모든 관계의 기준이다. 아이는 세상 사람이 모두 엄마와 비슷할 거라고 예상한다. 잘 돌봐주는 엄마, 믿을 수 있는 엄마, 따뜻한 엄마를 경험한 아이는 이후 만나는 사람들을 긍정적으로 인식하고 신뢰한다.

그러나 아무리 울어도 돌봐주지 않는 비정한 엄마와 첫 만남을 시작한 아이는 앞으로도 세상 사람들이 자신을 냉대할 거라고 믿는다. 대상에 대한 근본적 신뢰감이 없기 때문에 타인을 두려워하고 회피하며 관계를 형성하지 못한다.

여기서 끝이 아니다. 생후 초기에 엄마가 주는 젖을 먹고, 엄마 손에 몸을 맡기고, 엄마 품에서 잠이 드는 아이에게 엄마는 곧 세상 그 자체다. 엄마의 기분 좋은 목소리를 들으며 풍요롭게 삶을 시작한 아이들은 이 세상이 '제법 살 만한 곳'이라는 믿음을 갖는다.

그러나 적절한 관심을 받지 못하고 축축한 기저귀를 찬 채 방치되거나 배고픔에 굶주렸던 아이는 세상이 자신을 지켜주지 않는다고 믿는다. 이들은 크고 작은 좌절을 겪을 때마다 '이 세상은 원래 차갑고 괴로운 곳이야. 삶은 그저 고통의 연속일 뿐이야'라며 부정적인 세계관을 되새김질한다.

이 시기의 아기가 형성하는 또 하나의 중요한 관념은 바로 자신에 대한 믿음이다. 생후 초기 부모의 사랑을 충분히 받은 아이들은 자신이 그럴 만한 가치가 있는 존재라는 신념을 갖는다. 이는 아주 무의식적이고 심층적인 수준에서 마음에 쌓여 자존감의 뿌리가 된다. 스스로 존중받을 자격이 충분하다고 믿기 때문에 자존감이 높은 아이들은 실제로도 자기를 소중히 여긴다.

자기에 대한 태도는 타인에게도 영향을 끼친다. 자신을 업신여기고 하찮게 대하는 사람은 남들에게도 '그래도 되는 사람'이라는 인상을 심어준다. 물론 남을 무시하는 태도는 이유를 막론하고 지양해야겠지만 알게 모르게 관계에서 쉽게 여겨지는 사람들이 있다. 나는 그들이 상담실에 오면 가장 먼저 자신을 귀하게 여기도록 당부한다. 스스로 아끼고 사랑하는 모습을 먼저 보여야 이를 본 다른 사람 역시 함부로 대하지 못하기 때문이다.

이처럼 대상과 세상 그리고 자신에 대한 믿음은 모두 생후 초기 엄마로부터 영향을 받아 형성된다. 이 세 가지는 워낙 뿌리가 깊어 살면서 잘 바뀌지도 않는다. 따라서 아이 곁에 엄마가 어떤 상태로 존재하느냐는 모든 부모가 관심을 쏟아야 할 주제다. 그리고 이것이 '엄마를 돌보는 아빠 육아'가 강조되는 이유다.

생후 1년 건강한
애착 다지기

자기에 대한 개념조차 형성되지 않은 아이에게 '사랑받을 자격이 있는 존재'라는 가치를 부여해주는 일은 온전히 부모의 몫이다. 정신과 의사이자 정신분석가였던 존 볼비(John. M. Bowlby)는 생후 1년간 아이가 주양육자와의 관계에서 형성하는 정서적 유대감인 '애착'을 중심으로 이론을 정립했다.

애착은 생후 3개월부터 본격적으로 형성된다. 이때부터 아기는 사람들을 알아보고 기억하며 익숙한 사람에게 더 자주 웃음을 짓는다. 아기의 울음과 미소 그리고 옹알이는 모두 양육자의 관심을 끌고 애착을 형성하려는 크고 작은 시도들이다.

엄마를 마음에 새기기 시작한 아이는 6개월이 되면 주양육자(대표적으로 엄마)와 보조양육자(아빠 또는 조부모)를 구분하고 낯선 사람에겐 경계심을 느낀다. 특히 주양육자인 엄마가 곁에 없으면 불안해져 울음을 터뜨리고, 7~8개월을 지나 기어 다닐 때는 엄마를 쫓아다니며 분리를 거부한다.

애착이 잘 형성된 아이에게 생후 1~2년 동안 관찰되는 분리불안은 지극히 자연스러운 반응이다. 아기 마음에 엄마란 존재가 소중하게 자리를 잡았기 때문에 엄마가 없으면 불안해지고, 다시 돌아오면 품에 안겨 안정을 되찾는 것이다. 안정 애착을 형성한 아이에게 엄마는 불안을 진정시켜주는 안전기지와 같다. 든든한 엄마만 있다면 아이는 세상을 향해 자신 있게 손을 뻗을 수 있다.

그러나 애착이 불안정한 아이는 이러한 '엄마 효과'를 누리지 못한다. 아이가 돌밖에 되지 않았는데도 엄마가 있든 없든 별로 신경을 쓰지 않는다면 '불안정-회피 애착 유형'에 속할 가능성이 높다.

엄마와 떨어져도 조용하고, 엄마가 돌아와도 차분한 모습은 단편적으로는 착하고 순해 보이지만 장기적으로는 친밀한 관계 형성과 자기표현의 어려움으로 이어질 수 있다. 이 아이들에게는 불안을 해소해주는 엄마가 마음에 새겨져 있지 않다. 분명한 것은 누구나 낯선 상황에 부닥치면 불안을 느낀다는 사실이다. 다만 표현해봤자 소용이 없었기에 이미 포기했을 뿐이다.

반대로 엄마와 떨어지기를 극렬히 거부하며 과하고 거친 반응을 보이는 아이들도 있다. '불안정-저항 애착 유형'에 속하는 이 아이들은 엄마가 곁에서 멀어지면 극도로 불안해하며 누가 달래줘도 좀처럼 진정되지 않는다. 엄마가 다시 돌아오면 매달려 꼭 붙어 있으면서도 안정을 얻지 못하고 계속 짜증을 부린다. 관계에 집착하고 의존하는 경향이 많아 유치원에 가면 선생님께 떼를 쓰고, 사소한 일에도 쉽게 토라져 친구들과 자주 갈등한다.

어떤 부모들에겐 애착이라는 단어가 익숙하다. 정확하게 언어로 설명할 순 없어도 자연스레 떠오르는 이미지가 있다. 애착을 경험해봤기 때문이다. 반면 애착이라는 개념이 생소하고 막연하게만 느껴지는 사람도 있다.

대인관계에서 상대를 신뢰하고 친밀한 관계 맺기를 어려워하는 사람들은 자기 마음에 누군가 들어오는 데 거부감을 느끼고 진심을 잘 드러내지 않는다. 이러한 피상적인 관계 패턴은 아이를 대할 때도 나타난다. 그런 엄마를 경험한 아이들이 주로 불안정-회피 애착 유형을 형성하게 된다.

또 어떤 엄마는 감정 기복이 심하고 이를 관계에 있는 그대로 드러낸다. 이들은 자기가 기분이 좋을 땐 아기를 끌어안고 보듬다가 기분이 나빠지면 아무리 울어도 품어주지 않는다. 이처럼 일관성이 없는 양육태도가 불안정-저항 애착을 발달시킨다.

만약 애착관계를 형성해야 할 엄마가 아예 세상에 존재하지 않는다면 어떤 일이 벌어질까? 부모로부터 정서적인 돌봄을 전혀 받지 못하거나 심지어 학대를 당한 아이들은 엄마가 있든 없든 그저 멍한 표정으로 아무런 반응을 보이지 않았다. 때로는 매우 폭력적으로 행동했고 일부는 뇌기능 손상과 발달장애를 일으키기도 했다. 불안정-회피 애착과 불안정-저항 애착이 결합된 '불안정-혼란 애착 유형'은 가장 심각하고 부정적인 애착 유형이다.

관계 패턴과 양육태도는 조부모로부터 이어졌을 가능성이 높다. 애착 유형의 70~80%는 세대를 거쳐 대물림된다. 부모와의 애착 유형이 불안정했던 사람들의 입장에서는 실망스러운 내용이지만 우리가 주목할 부분은 20~30%의 변화 가능성이다.

생후 초기에는 엄마가 세상의 전부지만 이내 아빠의 영향을 받는 삼자관계가 시작되고, 이후 관계는 걷잡을 수 없이 확장된다. 그리고 그 관계 속에서 누군가와 새로운 애착을 경험하면 애착 유형도 달라진다. 유아기의 애착 유형이 성인기의 새로운 애착 유형으로 대체되는 것이다.

그 상대는 배우자가 될 수도 있고, 종교지도자가 될 수도 있고, 훌륭한 선생님이 될 수도 있다. 또 반대로 우리가 누군가의 애착 유형을 변화시

킬 수도 있다. 우리는 매일매일 환경의 영향을 받으며 새로운 존재로 거듭나는 동시에 누군가를 새롭게 변화시키는 환경으로 존재하기도 한다.

애착이 생기는 과정

아이와 건강한 애착을 형성할 때도 그 시작은 감정의 자각에서부터다. 입을 빼끔거리며 엄마를 찾고, 배시시 웃으며 옹알옹알 소리를 내는 아기를 바라보며 자기 마음에 피어오르는 감정을 충분히 느껴야 한다.

사랑이 충만해지면 아이가 건강하고 행복하게 자라길 바라는 마음이 커지고 지금 당장 해야 할 일들이 명확해진다. 그럼 누가 톡을 보내도 답을 보내기 전에 울음을 터뜨린 아기에게 달려가 젖을 물리고, 드라마 속 주인공보다 아기와 눈을 맞추며 닭살 돋는 애정표현을 하는 게 당연해진다. 아기를 보고 싶은 마음에 아빠의 귀가시간도 빨라진다. 그렇게 말과 행동으로 사랑을 전달하다 보면 자연스레 정서적인 유대감이 형성된다.

또 생후 초기 아기의 SOS에 엄마가 민감하게 반응해주면 안정적인 애착을 형성할 수 있다. 자주 살을 맞대며 아기의 불편함을 해소해주고 애정을 나누다 보면 자연스레 아이 마음에 든든한 엄마, 사랑하는 엄마가 채워진다. 생후 1~2년 동안 그 마음을 차곡차곡 쌓아주면 두 돌이 지날 즈음부터는 분리불안이 점차 줄어든다. 아기의 사고 능력과 마음이 성장해서 엄마가 당장 눈에 보이지 않아도 마음속에 그려져 있는 엄마를 떠올리며 안정을 되찾을 수 있기 때문이다.

물론 그 후에도 아이와 사랑을 주고받는 애착관계는 지속해야 한다.

아이를 향한 사랑은 멈출 이유가 없고, 억지로 멈추기도 어렵다. 다만 발달단계에 맞춰 사랑을 전하는 방법과 형태를 조금씩 달리할 뿐이다.

생후 2년까지 부모 중 한 사람이 꾸준히 아이를 돌보며 애착 대상이 되어주면 좋겠지만 그럴 수 없다면 아쉽더라도 차선책을 받아들여야 한다. 아이와 함께할 수 있는 시간이 하루에 단 두세 시간뿐이라도 그동안 사랑을 듬뿍 담아 아이와 눈을 맞추고, 이야기에 귀를 기울여주면 아이 마음에서 자기를 소중히 여기는 엄마, 아빠가 절대 지워지지 않는다.

볼비의 애착 형성 4단계

단계	시기	특징
무분별한 사회적 반응 단계 (1단계)	출생 ~ 3개월	1단계의 아이는 낯선 사람과 친밀한 사람을 구별하지 못하고 누구에게나 미소를 보인다. 아기가 웃고, 울고, 눈을 맞추는 것은 모두 보호자의 관심과 접촉을 유도하는 애착 행동이다.
변별적인 사회적 반응 단계 (2단계)	3개월 ~ 6개월	2단계의 아이는 냄새, 목소리, 체형, 얼굴 생김새 등을 통해 낯선 사람과 친밀한 사람을 구별한다. 특히 엄마에게 편안함을 느끼며 엄마가 잘 돌봐주고 안아주면 미소로 반응하는 빈도가 점점 늘어난다. 엄마도 아이의 특성을 파악해 선호하는 자세나 안는 방법을 터득한다. 아직 애착 대상인 엄마가 멀어져도 강한 저항을 보이지는 않는다.
능동적인 접근 추구 단계 (3단계)	6개월 ~ 3세	3단계에서 아기는 낯선 사람에게 갔을 때는 울고 엄마로 대표되는 주양육자에게는 강한 집착을 보인다. 이 시기의 아이는 애착 대상인 엄마가 멀어지면 분리불안을 크게 느낀다. 분리 상황에서 어떤 반응을 보이느냐에 따라 아이에게 형성되어 있는 애착 유형을 확인할 수 있다. 애착 이론에서는 생후 3년을 애착 형성의 중요한 기간으로 본다.
수동적인 동반자 단계 (4단계)	3세 ~ 아동기	4단계의 아이는 애착 대상과 잠시 떨어져도 상황을 이해하고 기다리며 애착 대상에게 자기를 맞추려 한다. 분리불안이 줄어들고 또래 관계가 활발해진다.

- 산후 초기에는 대부분의 엄마가 정상적인 우울기(baby blues)를 겪는다.
- baby blues를 잘 극복하지 못한 10~15%의 엄마는 산후우울증에 시달린다.
- 신생아의 평균 키와 몸무게는 51cm, 3.3kg이다.
- 아이가 엄마 젖에 익숙해질 수 있도록 출생 직후 젖을 물려준다.
- 산후 초기에 나오는 노란 빛깔의 초유에는 면역성분이 많아 반드시 먹이는 게 좋다.
- 젖을 물릴 땐 유륜까지 깊게 물리고 한 번 물리면 20~30분간 수유를 지속한다.
- 모유가 좋기는 하지만 발달에 결정적인 영향을 주지는 않는다.
- 아이는 생후 24시간 이내에 첫 대변과 소변을 본다.
- 첫 대변인 태변에는 양수의 찌꺼기가 섞여 있어 색이 검고 찐득하다.
- 출생 전후 여성호르몬의 농도변화에 따라 여아에게는 정상적인 질 출혈이 있을 수 있다.
- 선홍빛 소변은 대부분 요산뇨로 수분이 부족할 때 나온다.
- 아이의 컨디션이 좋다면 대변의 상태나 빈도는 조금씩 달라져도 괜찮다.
- 신생아의 하루 평균 수면시간은 15~16시간이다.
- 생후 4개월부터는 낮과 밤의 개념이 생겨 밤중 수유 끊기를 시도할 수 있다.

- 아이의 기질은 '순한' '느린' '까다로운' '혼합형'의 네 가지로 나뉜다.
- 기질 자체보다 기질과 양육태도 간의 조화가 더 중요하다.
- 생후 초기 엄마를 통해 아기는 대상과 세상, 자기 자신에 대한 근본적인 믿음을 형성한다.
- 생후 3개월부터 아이는 익숙한 사람을 기억하고 애착을 형성하기 시작한다.
- 생후 6개월부터는 낯가림을 시작하고, 7~8개월부터는 엄마와의 분리불안을 느낀다.
- 생후 1~2년 사이 주양육자와의 경험을 통해 애착 유형이 결정된다.
- 안정 애착을 형성한 아이는 엄마가 없을 때 불안을 느끼지만 다시 돌아오면 금세 안정을 되찾는다.
- 불안정-회피 애착 유형의 아이는 엄마가 없어도 별 신경을 쓰지 않는다.
- 불안정-저항 애착 유형의 아이는 엄마가 돌아와도 금세 안정을 되찾지 못한다.
- 애착 유형은 70~80% 대물림되나 일부는 성인기 애착 유형으로 대체된다.
- 안정 애착을 형성한 아이들은 두 돌이 지날 무렵 분리불안이 줄어든다.

생후 3년 아이가 보내는 신호들

분리 개별화 이론과
자기심리학을 중심으로

4

부모 그리고 세상과의 첫 만남이 잘 성사되어 아이에게 근본적인 신뢰감이 형성되었다면 이제는 아이의 성장에 주목해야 할 때다. 초보 부모는 언제쯤 아이가 젖을 떼고 걸음마를 시작하는지, 언제 말을 하고 똥오줌을 가릴지, 언제부터 혼을 내고 어떻게 가르쳐야 하는지, 궁금한 게 한두 가지가 아니다. 더불어 우리 아이의 발달 상태에 이상이 없는지 확인하려면 정상 발달과정을 먼저 알아둬야 한다.

이동능력이 생기면서 아이는 부모의 품을 벗어나 세상을 직접 탐색하기 시작한다. 껌딱지처럼 붙어 있던 아이가 곁에서 멀어질 때 초보 부모는 걱정과 불안에 사로잡힌다. 그러나 아이의 독립심을 길러주기 위해서는 부모가 자기를 다스리며 아이와의 적정 거리를 유지하는 데 익숙해져야 한다.

이 장에서는 영아기 발달의 특징을 정리하고, 아이의 사회화 과정에 대처하는 양육태도를 고찰하였다. 경험상 유익했던 자료 위주로 내용을 구성하고, 금세 잊어버릴 이론적 부분은 줄이고자 하였다. 더불어 여러 부모, 자녀를 상담하며 구상한 훈육법을 단계별로 정리해 수록했다.

생후 24개월
미리보기

출생부터 한 달까지: 아이의 시력은 성인의 30분의 1밖에 되지 않는다. 태어나자마자 눈은 뜰 수 있지만 눈동자는 움직이는 사물을 잘 따라가지 못하고, 거리에 따라 초점을 맞출 능력도 없기 때문에 눈빛이 흐리멍덩하다.

아기는 태어났을 때부터 적색과 녹색을 구분할 수 있지만 검정과 흰색처럼 대비가 강해야 더 관심을 갖는다. 초점 맞추기 연습을 할 때는 20~30cm 거리에 흑백모빌을 달아두었다가 두세 달부터 아이 반응을 살피며 컬러모빌로 교체해준다.

아기는 사람 얼굴에 관심을 많이 보이는데 생후 한 달까지는 눈이 아닌 머리카락 같은 윤곽에 초점을 맞춘다. 그래서 아이가 나를 쳐다보는지, 다른 곳을 보고 있는지 애매한 느낌을 받을 때가 많다.

청각, 후각, 미각, 촉각은 태어날 때부터 잘 발달해 있어서 갓 태어난 아이라도 음악을 들려주면 젖을 빠는 속도가 달라지고, 기분 좋은 냄새나 단맛을 선호하며 살에 무엇이 닿느냐에 따라 편안해하기도 하고, 울음을 터뜨리기도 한다.

생후 2주가 지나면서 아이에게는 사람 목소리와 다른 소리를 구분할 능력이 생긴다. 신생아의 뇌를 관찰한 결과 음악 소리를 들을 때는 우반구가 활발해졌고, 말소리를 들을 때는 좌반구가 활동하는 모습이 확인되었다. 그러므로 균형 있는 뇌 발달을 위해서는 음악도 들려주고, 부모가 말도 자주 걸어줘야 한다. 아이는 3주가 지날 무렵이면 익숙한 목소리에 민감한 반응을 보인다.

2개월: 아이의 시력은 어른의 15분의 1 정도로 발달하고, 움직이는 대상을 유연하게 따라갈 능력도 생긴다. 빨, 노, 파 삼원색의 구분이 가능해지면서 점차 색에 관심을 갖고, 사람을 볼 때는 얼굴 윤곽에 집중되던 시선이 점차 이목구비로 이동한다.

2개월 무렵에는 근육과 운동기능의 발달도 가속화하여 목을 세우기 시작하고 팔다리도 열심히 휘젓는다. 그러나 아직 목 가누기는 불과 몇 초를 넘기지 못하므로 아이를 안을 때는 여전히 목을 잘 받쳐줘야 한다.

한편 두 달째부터는 처음보다 다양한 소리를 낼 수 있다. 아이는 이제 크게 울 때와 흐느끼듯 울 때가 다르고, "끄으응" 소리를 내거나 "우~" "오우오" 같은 옹알이도 한다. 이 시기에 엄마, 아빠는 누가 시키지 않아도 아기에게 열심히 말을 걸고 귀를 기울이며 옹알이를 기다린다.

3개월: 아이는 개개인의 얼굴을 구분하고, 표정을 보고 감정을 알아채는 능력을 갖춘다. 생후 초기부터 아기는 엄마의 얼굴에 가장 큰 관심을 보이기 때문에 가급적 엄마가 인상 쓸 일이 없어야 한다. 아기는 엄마의 표정을 보고 감정을 파악하고, 또 그 감정을 공유한다. 따라서 아빠는 육아의 행복을 발견할 수 있는 예쁜 색안경을 엄마에게 선물해야 한다.

이 시기의 아이는 감각을 서로 조합하기 시작한다. 시청각을 동시에 활용해 엄마 목소리가 들리면 엄마를 쳐다보고, 아빠 목소리가 들리면 아빠를 좀 더 오래 바라보는 것이다. 또한 보이는 대상을 향해 자발적으로 팔을 뻗어 잡으려는 시도를 하고, 목의 힘이 더 강해져 좌우로 머리를 돌릴 수도 있다. 빠른 아이는 누워 있다가 엎드리는 뒤집기도 시도한다.

4개월: 성인의 8분의 1 정도로 시각이 발달하고 목소리만 들어도 사람의 감정을 파악할 수 있다. 목의 힘이 충분해져서 안을 때는 목을 받치지 않아도 되고, 지지대에 기대면 잠시 앉아 있을 수도 있다.

4~5개월경 밤낮의 개념이 생기기 시작하므로 이때부터는 밤중 수유 끊기를 시도한다. 아이가 자다가 깨더라도 바로 젖을 물리기보다는 다독이고 재워서 4~5시간 이상 충분한 수면을 취하도록 유도해본다. 물론 앞서 언급했듯 아이의 템포에 맞추는 게 중요하다.

5개월: 아기의 몸무게는 처음의 두 배에 달한다. 뒤집기가 원활해지므로 엎드려서 베개에 코를 묻지 않도록 주의 깊게 살펴야 한다. 4개월까지는 손바닥을 자극하면 무조건적으로 꽉 움켜쥐지만 5개월부터는 자기 의지에 따라 잡지 않기도 한다. 손을 자주 사용하도록 자극해주면 뇌 발달에 좋다.

6개월: 아이는 친숙한 얼굴과 낯선 얼굴을 구분한다. 이제는 엎드린 상태에서도 누운 상태로 뒤집을 수 있다. 팔을 접었다 펴는 운동도 능숙해져 물건을 던지거나 두드릴 수 있고, 지지대 없이도 손으로 앞을 짚은 채 혼자 앉을 수 있다.

한편 이 시기부터 중앙 아랫니 두 개를 시작으로 두 돌 반까지 유치 20개가 난다. 이가 날 쯤 아이는 무엇이든 입으로 가져가 잘근잘근 씹으려 든다. 유치는 6세 이후 하나씩 빠지며 영구치로 대체된다. 다, 마, 바 등 다양한 발음이 가능해지면서 "음-마, 음-마" 옹알이를 하고 소리 내어 웃기도 한다.

세계보건기구(WHO)는 생후 6개월까지 모유 수유만을 하도록 권장하고, 그 후에는 이유식과 병행하며 2년 또는 그 이상까지도 수유를 하도록 제안한다. 이유식으로 이행할 때도 아이와의 의견 조율이 중요하다. 특히 예민하고 까다로운 아이들은 변화에 상당한 거부반응을 보일 수 있으므로 3장에서 소개했듯 아이의 기질을 잘 파악해 갈등을 최소화하고, 준비가 될 때까지 충분히 기다려주는 여유를 가져야 한다.

7~10개월: 아이는 성인의 4분의 1 수준의 시각 능력을 갖춘다. 시각은 그 후에도 서서히 발달해 5세경 완성 수준에 이른다. 7개월 된 아이는 팔로 지탱하지 않고도 앉아있을 수 있고, 8개월이 지나면서는 누워있다가 스스로 앉기도 가능해진다. 비슷한 시기에 팔, 다리, 무릎, 배를 써서 앞뒤로 기기 시작하고, 다리 힘이 좋은 아이들은 지지대를 잡고 서있기를 시도한다. 한편 아이는 이제 부모의 말을 모방하려고 한다. 물론 의미를 이해하지는 못하지만 엄마, 아빠가 들려주는 말을 비슷하게 소리 내

고, 말을 걸면 대답하듯 옹알이로 반응한다.

11~12개월: 아이는 출생 시에 비해 몸무게가 3배로 늘고, 키는 약 1.5배 성장한다. 도움 없이 서고, 서서히 혼자 걸을 수 있으며 손과 다리를 써서 낮은 계단을 올라갈 수도 있다.

한편 첫돌을 전후로 소리만 내던 옹알이에 의미가 담기기 시작한다. 우리나라의 경우 12개월 된 아기는 평균 다섯 개 정도의 어휘를 말할 수 있고, 이해하는 어휘는 30여 개에 달한다. 이제는 이빨로 고형 음식을 씹을 수 있고 숟가락질도 연습할 수 있다. 연습 초기에는 적당량을 떠서 입까지 가져갈 능력이 없는 데다 숟가락을 가지고 놀 마음이 더 크기 때문에 엄마, 아빠도 여유를 갖고 놀이에 동참해주는 편이 낫다.

아이에게는 적어도 6개월에서 1년 정도 연습 기간이 필요하고, 이때 식탁이 난장판으로 변하는 것은 지극히 자연스러운 일이다. 엄마, 아빠 그리고 아이 모두 숟가락질 때문에 너무 스트레스를 받지 않도록 마음을 가벼이 가져야 한다. 갈등이 심하면 아이가 먹는 행위 자체에 거부감을 느끼게 될 수도 있다. 어차피 평생 할 숟가락질, 조금 늦어도 괜찮다.

18개월~24개월: 아이의 능력은 더욱 풍부해진다. 혼자 걷는 데 점점 익숙해지고, 숟가락도 제법 잘 사용할 수 있으며 두 돌이 지날 무렵에는 지퍼가 달린 옷을 혼자 입을 수도 있다.

언어능력도 크게 향상돼 매주 10개 이상의 새로운 단어를 습득하며 단어에 동사를 붙여 문장으로 말할 수도 있다. 아이가 관심 있어 하는 대상을 함께 바라봐주며 이름을 알려주면 언어발달이 더욱 활발해진다.

이상으로 생후 초기부터 두 돌까지의 발달과정을 간략히 프리뷰해보았다. 출생 초기 눈동자 하나도 제 뜻대로 움직이지 못하던 아이는 놀라운 속도로 성장해 두 돌 무렵이면 제법 할 수 있는 게 많아진다. 몸이 자라고, 내·외적인 능력을 갖추면서 아이는 경험을 바탕으로 자기만의 정신세계를 형성해간다. 이제 아이는 부부가 맺은 사랑의 결실이라는 수동적 존재에서 벗어나 자기만의 자아를 지닌 독립적인 존재로 발전한다. 엄마, 아빠는 아이의 변화를 이해하고 수용하며 판도가 달라질 부모-자녀 관계에 대비해야 한다.

부모와 자녀의
관계 변화

아기를 낳기 전후로 우리의 삶은 180도 달라진다. 엄마는 임신기부터 음식 하나하나에 주의를 기울이고, 출산 후에는 온종일 아이와 시간을 보내며 화장실에 갈 때도 눈치를 봐야 한다. 육아로 정신없는 나날을 보내다 문득 엄마를 서럽게 만드는 건 이제 다시는 나만을 위한, 나만의 시간이 돌아오지 않을 듯한 상실감이다. 엄마는 무거운 마음으로 당연히 누려왔던 삶과 자기 자신, 그리고 스러져가는 20대의 꿈을 보내야 한다.

엄마만큼은 아니지만 아빠 역시 아이를 중심으로 삶을 재편하기는 마찬가지다. 아빠의 몸은 이미 자기만의 것이 아니기에, 비인격적인 대우를 받더라도 토끼와 여우를 떠올리며 출근길 지하철에 몸을 실어야 한다. 몸과 마음이 상해가며 번 돈은 눈 깜짝할 새에 양육비로 사라진다.

2012년 한국보건사회연구원 조사에 따르면 대학 졸업까지 자녀를 키우는 데 필요한 양육비는 무려 3억 890만원에 이른다. 같은 기관에서 2015년에 발표한 자료를 살펴보면 한 명의 영유아 자녀를 키우는 데 매월 평균 약 65만원을 지출한다. 이제 부모는 아이를 위해 사고 싶은 것도 참아야 하고, 하고 싶은 일도 포기해야 하고, 둘만의 오붓한 시간을 갖기도 어렵다. 우리는 무엇을 위해 이렇게 헌신하는 것일까? 고단한 양육 이후에는 과연 무엇이 우리를 기다리고 있을까?

그 답은 키워주신 부모님과 우리에게서 찾을 수 있다. 부모님 품에서 몸을 키우고, 생각을 키우고, 꿈을 키우며 어른으로 성장한 어느 날, 우리는 부모님을 향해 인사를 건넸다. '그동안 키워주셔서 감사합니다.' 부모의 품을 떠나 나만의 삶을 시작할 때가 온 것이다.

우리의 아이도 건강한 성인이 되면 언젠가 우리의 품을 떠난다. 결국 아이와 함께하는 지금의 시간은 이 아쉽고도 대견한 이별을 향하고 있다. 이 길은 멈출 수도 없고, 한 번 지나가면 다시 돌아올 수도 없다. 이별의 순간이 오기까지 아이는 우리 곁을 떠나는 연습을 수없이 반복한다. 그리고 그 연습은 생각보다 더 빨리 시작된다.

생후 10개월, 독립을 연습하다

대상관계 심리학자 마가렛 말러(M. Mahler)는 아이가 처음으로 엄마의 품을 벗어나는 '분리-개별화기'에 주목했다. 그녀에 따르면 아이는 생후 초기 몇 주간 외부자극에 별 반응을 보이지 않는 '정상적 자폐기'를 지낸다. 이 시기의 아이는 '나'에 대한 관념이 없고 엄마를 비롯한 타인 즉, '대상'에 대해서도 어떠한 감각이나 표상을 형성하지 못한다.

세상에 나왔지만 마치 배 속에 있을 때처럼 먹고, 자고, 싸기를 반복하던 아이는 두 달이 지날 무렵부터 감각이 활성화되며 경험을 마음에 쌓아가는 '공생기'를 거친다. 이 시기는 앞서 살펴본 애착형성기에 해당한다. 볼비와 마찬가지로 말러 역시 이때의 경험으로 아이가 자신과 대상에 대한 이미지를 만들어간다고 보았다. 적절한 돌봄을 받은 아이는 좋은 이미지를 형성하고, 그렇지 못한 아이는 나쁜 이미지를 갖게 되며 이에 따라 대상을 탐색하는 태도가 달라진다.

공생기의 아이는 어렴풋이 자기 욕구를 해소해주는 무언가가 있다고 인식하지만 이를 자신과 분리된 타인으로 여기지는 못한다. '나'와 '나를 돌봐주는 엄마'를 '하나로 연결되어 있는 존재'로 여기는 것이다.

생후 4~5개월경 아이가 자신과 대상을 구분하면서 분리-개별화기의 첫 단계인 '분화'가 시작된다. 아이는 이제 의도적으로 팔을 뻗어 엄마의 여기저기를 만지려고 시도하는데, 이는 아이에게 '의지를 느끼는 자기'와 '만지고 싶은 대상'이 생겼음을 의미한다.

또한 엄마와 다른 사람을 구분하는 낯가림도 아이에게 대상에 대한 다양한 이미지가 생기고 있다는 근거다. 공생기에 엄마와의 경험이 좋았던 아이들은 분화기에 대상에 긍정적인 관심을 보이지만 불안정한 공생기를 보냈다면 대상에 두려움을 느낀다.

10개월을 지나며 기고 걷기 시작할 무렵 아이는 분리-개별화기의 두 번째 단계인 '연습기'를 거친다. 엄마의 품에서 벗어나 저 멀리 떨어진 인형에 도달한 아이는 자기 능력에 흥분해 무엇이든 할 수 있을 것 같은 전능감에 빠진다.

말러에 따르면 엄마의 품을 벗어나는 것은 본능적인 욕구로서, 아이는 이를 충족시키기 위해 이것저것 만지고 부딪치며 세상과의 교류에

흠뻑 빠진다. 이 시기에는 일시적으로 낯가림도 조금 줄어들지만 마음 편히 세상을 탐색하기 위해서는 눈에 보이는 곳에 엄마가 있어야 한다. 연습기의 아이는 엄마 품을 벗어나면서도 엄마와 완전히 분리되었다고 여기지 않으며 힘들고 겁이 날 땐 언제든 엄마에게 돌아가 마음의 안정을 되찾으려 한다.

16개월을 지나면서 분리-개별화기의 마지막 단계인 '재접근기'가 시작된다. 이 시기에는 분리불안이 다시 심해져 엄마에 대한 의존도가 연습기보다 더 높아진다. 엄마의 품에서 나와 진짜 세상을 경험하며 치솟았던 자신감이 바짝 쪼그라들었기 때문이다.

전능감에 취했던 아이는 무엇이든 할 수 있을 것 같았지만 실상은 그 반대였다. 엄마의 도움 없이는 낮은 문턱에도 걸려 넘어지기 일쑤였고, 반짝이는 유리잔을 만지고 싶어 안간힘을 써도 짧은 팔은 식탁에 닿지 못했다. 심지어 엄마는 그런 나를 도와주기는커녕 막아서며 유리잔을 멀리 치워버린다. 그렇게 아이는 자기 한계와 나약함을 실감하고, 엄마가 나와 완전히 분리된, 다른 생각과 의지를 지닌 존재라는 사실을 깨닫는다.

일심동체인 줄 알았던 엄마가 나와 완전히 분리되어 있으며 심지어 나에게 등을 돌릴 수도 있음을 깨닫고 아이는 혼자가 될까 봐 불안해진다. 그렇다고 선뜻 다시 돌아갈 수도 없다. 자기마음대로 움직일 때 경험한 황홀경과 독립에 대한 의지가 아이 마음을 본능적으로 이끌기 때문이다. 결국 아이는 갈등을 해결하지 못한 채 엄마 품을 파고들며 "엄마 미워!"를 외친다.

잘못한 게 없는 엄마로서는 이렇게 억울한 일이 없다. 이 시기에 아이는 뭐든 뜻대로 안 되면 그 속상함을 엄마에게 푼다. 제 한계를 인정하고 수용할 만큼 성숙하지 못하기에 대신 불편한 마음을 풀어줄 누군가가 필요하고, 그 대상은 가장 만만한, 아니 가장 편안한 엄마뿐이다.

더불어 아이는 엄마에게 도움을 요청하면서도 호시탐탐 기회를 노리며 "내가 할 거야!"라고 소리친다. 이때 "너는 아직 못해"라고 하면 아이는 발끈해 어떻게든 자기 능력을 증명하려 애쓴다. 엄마가 대부분을 했더라도 자기가 조금만 일조했다면 모든 공은 아이의 몫이 된다.

재접근기의 아이는 엄마와 분리해 의지할 수 없게 되는 상황도 불안하지만, 반대로 엄마와 융합해 혼자서는 아무것도 할 수 없었던 생후 초기로 돌아가는 것도 그만큼 두렵다. 아이는 의존과 독립 사이에서, 제 뜻을 따라주는 좋은 엄마와 반대하는 나쁜 엄마 사이에서 갈등을 거듭한다.

재접근기를 잘 지낸 아이는 2~3세경 엄마와의 적절한 거리를 발견하고, 좋은 엄마와 나쁜 엄마를 통합한다. 좋은 엄마에 대한 기억이 많아야 한다는 건 굳이 설명할 필요도 없다. 가끔은 뜻이 다르지만 내 편이라는 사실에는 의심의 여지가 없는 엄마가 마음에 새겨지면 아이는 적당히 의지하며 독립의 욕구도 충족할 나름의 방법을 찾는다. 그렇게 아이는 대상을 통합적으로 보는 시각과 내적 안정감을 형성한다.

한편 재접근기를 지날 무렵 아이는 엄마와의 이자관계를 넘어 아빠를 포함한 삼자관계를 시작한다. 아빠는 엄마와 세상 사이에서 갈등하던 아이가 찾아갈 수 있는 새로운 대안이다. 이제 아빠는 아이와 직접 상호작용하며 엄마만큼 영향력 있는 존재로 업그레이드된다.

아빠는 엄마와 아이 사이를 조율하는 동시에 때로는 아이에게 새로운 자극을 줄 수도 있다. 애정 어린 눈으로 아이를 보고 귀를 기울인다는 점은 공통적이지만 이와 별개로 아빠는 엄마와는 다른, 새로운 접근방식과 뉘앙스를 지닌 독립적인 존재다. 엄마를 통한 간접 육아를 넘어 직접 육아를 시작하더라도 아빠가 엄마와 같아지려 애쓸 필요는 없다.

물론 매사 엄마와 대립하는 태도로 아이에게 혼란을 주면 안 되겠지만 때로는 있는 그대로 진솔한 아빠의 목소리를 들려주는 것이 엄마만 가득 채워져 있던 아이의 세계를 확장하는 계기가 된다.

아니야, 내가 할 거야, 엄마 미워

말러의 분리-개별화에 대한 설명은 엄마로 하여금 아이의 심리적 발달 과정을 예상할 수 있게 해준다. 준비가 안 된 엄마는 분화와 연습기에 품에서 벗어나려는 아이를 내려놓지 못한다. 엄마의 불안 때문에 세상을 탐색할 기회를 얻지 못한 아이는 스스로 해내는 '자율성'을 발달시킬 수 없다.

또 다른 엄마는 자기를 뿌리치고 떠나는 아이를 괘씸해하며 재접근기에 다시 돌아왔을 때 홀대한다. 출생 후 나만을 바라보며 울고 웃던 아이가 곁을 떠나면 충분히 서운할 수 있지만 이러한 감정을 아이를 향해 표출해버리면 아이는 엄마의 사랑을 잃게 될까 두려워 세상에 대한 탐색을 포기한다.

재접근기를 거치며 도드라지는 분리불안과 무조건적인 "아니야!" "내가 할 거야!" "엄마 미워!" 3종 세트는 지극히 정상적인 발달과정의 특징이며 아이가 잘 자라고 있다는 증거다. 그러나 대비하지 못한 엄마는 껌딱지처럼 붙어 있으려는 아이를 보며 적응력이 부족할까 봐 걱정하고,

투정을 부리면 혼부터 낸다. 엄마가 미리 공부해서 알고 있다면 엉기고 원망하는 아이 마음을 헤아리고 품어주며 안정시킬 수 있다.

"아이고, 우리 아가, 잘 안 돼서 속상했지. 엄마가 우리 아기 마음을 몰라줬네."

생후 초기 멀어지기엔 걱정되고, 붙어있자니 독립심 형성에 방해가 될까 고민하는 엄마들에게 19세기 철학자이자 신학자였던 키에르케고르(S. A. Kierkegaard)는 다음과 같이 답한다.

"엄마는 아이가 혼자 걸을 수 있도록 약간의 거리를 두고 지켜보면서, 위험한 순간에는 손을 뻗어 아이를 보호해줄 수 있어야 한다."

미숙한 아이에게는 부모가 쳐주는 안전한 울타리가 필요하다. 그러나 너무 작은 울타리는 감옥처럼 아이를 옥죄어 꼼짝할 수 없게 만든다. 울타리는 견고하되 그 안의 공간은 아이가 충분히 뛰어놀 만큼 넓어야 한다.

때가 되면 아이는 제힘으로 울타리를 훌쩍 넘어갈 것이다. 다 큰 아이를 보면서도 부모 걱정은 끝이 없게 마련이지만 독립해가는 아이에게 필요한 건 '부모의 믿음'이다. 아이에 대한 믿음이 생기려면 먼저 부모가 스스로를 신뢰해야 한다. 세상에 완벽한 부모는 없다. 나름대로 최선을 다해왔다면 좀 더 자부심을 가져도 좋다. 자기신뢰감이 있어야 내 아래서 자란 아이에게도 믿음이 생긴다. 아이도 부모로부터 얻은 신뢰를 발판 삼아 자신 있게 세상을 향해 나아간다.

자기주장이 생기는 아이

아이에게 자기주장이 생긴다는 것은 심리적인 독립이 이루어졌음을 의미한다. 이제 아이는 나와 너의 개념을 갖고 세상에 직접 발을 들여놓는다. 멀뚱멀뚱 눈으로만 보던 세상을 직접 만지고 경험하는 일은 한없이 아이를 들뜨게 만들지만 동시에 아이에게는 이 사회의 구성원으로서 지켜야 할 수없이 많은 룰과 책임이 부여된다. 울기만 하면 모든 문제가 해결됐던 엄마 품과 달리 세상은 아이에게 부단한 노력을 요구한다.

《미움 받을 용기》라는 책으로 세간의 주목을 받은 심리학자 아들러(A. W. Adler)는 인간을 사회에서 분리될 수 없는 존재로 보았다. 그는 친밀한 관계 속에서 우정과 사랑을 나누고, 사회에 대한 관심을 바탕으로 공공의 이익을 위해 노력해야 진정한 행복을 누릴 수 있다고 여겼다.

모든 인간은 태어난 직후부터 관계를 시작한다. 엄마와의 이자관계는 이내 아빠가 참여하는 삼자관계로 확장되고, 그 후에는 걷잡을 수 없이 다양한 관계가 꼬리에 꼬리를 문다. 관계를 바탕으로 크고 작은 집단, 나아가 사회가 형성되고, 개개인은 그 구성원으로서 소속감과 유대감을 충족하며 법과 질서의 테두리 안에서 안전을 보장받는다. 인간에게 사회적응은 생존과 관련된 중요한 과업이다.

문제는 사회화 과정이 본능적 추동과 상충된다는 점이다. 프로이트(S. Freud)는 인간이 평생 사회규범과 본능적 욕구 사이에서 갈등하고 고뇌한다고 보았으며 그 갈등이 심화될 때 마음의 병이 생긴다고 했다.

그는 인간의 본능을 생을 향한 본능인 에로스와 죽음을 향한 본능인 타나토스로 구분했다. 에로스와 타나토스는 우리가 원치 않아도 우리를 이끌어가는 원천적인 힘이다. 하루하루의 삶이 죽음을 향해 가는 시간이듯, 이들은 서로 긴밀히 얽혀 있다.

아이의 성 본능 다루기

에로스의 원천은 성적인 충동이다. 익히 알려져 있듯 프로이트는 인간 심리에 대한 이론을 대부분 성욕구와 연관 지어 논란의 대상이 되었다. 결정적으로 1905년 〈성에 관한 세 편의 논문〉을 통해 유아에게도 성욕이 있다는 '유아성욕설'을 주장하며 많은 지탄을 받았다. 성을 금기시하던 빅토리아 시대에 천사 같은 아기에게 '성욕'이라는 단어를 들이댄 것만으로도 사람들은 프로이트를 변태 취급하며 강한 거부감을 드러냈다.

그러나 프로이트의 과격한 표현을 재해석해보면 그가 말하는 성욕이란 단순히 성적 행위를 갈망하는 충동이라기보다는 쾌락을 추구하는 본능으로 볼 수 있고, 더 순화하면 '만족감에 대한 지향'이라고도 할 수 있다. 그런 면에서 프로이트는 성을 전면에 내세워 일종의 노이즈 마케팅을 의도한 게 아니었을까 싶다.

당시 분위기와는 대조적으로 현재 학계에서는 유·아동에게 성 본능이 있음을 인정한다. 아기는 첫돌 무렵 신체 여기저기를 탐색하는 과정에서 성기를 인식하고 만진다. 첫돌 반이 지날 즈음에는 자기 성별을 인지하고 성 정체성을 확립해간다.

아이는 두세 돌이 지나면서 성에 대한 관심이 늘고, 체형과 구조가 다른 부모 몸에 호기심을 느낀다. 그러다 우연히 성기에 자극을 받아 기분 좋은 경험을 하면 아이는 성기를 문지르는 자위행위를 하기도 한다. 성에 대한 유아의 호기심과 본능은 자연스럽다. 그에 반해 부모의 부자연스러운 반응은 되레 올바른 성 관념의 정립을 어지럽힌다.

아기에게 성기는 신체의 일부일 뿐이며 자위는 가려운 곳을 긁는 행동과 다를 바 없다. 부모의 교육은 성기가 아주 민감한 부위이기 때문에 위생상 함부로 만져선 안 되며 성을 소중히 다뤄야 한다는 데 초점이 맞춰져야 한다. 아이에게 겁을 주려고 고추가 떨어진다거나 무조건 큰일이 생긴다고만 하면 성에 대해 과도한 거부감이나 두려움을 갖게 된다.

종종 성에 대한 이슈는 성관계 장면을 아이에게 들켰을 때 터지기도 한다. 이해할 수 없는 상황에서 낯선 부모의 모습을 본 아이들은 적잖이 충격을 받는다. 부모도 당혹스럽긴 마찬가지겠지만 우선은 놀란 아이부터 다독여야 한다. 아이가 말을 알아들을 수 있다면 부주의함을 사과하고 어른들이 사랑을 나누는 방법이라는 점을 충분히 설명해준다.

최근에는 초등학교에서도 실질적인 성교육이 이루어지므로 부모도 이러한 흐름에 맞춰야 한다. 학교에서는 성교를 통해 아기가 태어난다고 알려줬는데 엄마, 아빠는 성교가 뭔지 모른다거나 그런 소리를 입에 올려선 안 된다고 혼을 내면 아이는 혼란스러워지는 한편, 성에 더욱 호기심을 갖게 된다. 그리고 이를 충족하고자 친구들과 음지에서 왜곡된 정보를 공유한다.

그러므로 부모는 평소 이러한 질문에 어떻게 응대할지 자기만의 언어로 답변을 생각하고 반응을 연습해둬야 한다. 부부간의 성행위는 너무나 당연하고, 그 결과로 우리는 세상에서 가장 소중한 선물을 얻었다. 성이 문란해지고 그로 인해 누군가 해를 입어서 문제지, 성 그 자체가 문제인 것은 아니다. 아이에게도 그런 관점의 교육이 필요하다.

그렇다고 초등학생에게 피임 방법을 가르쳐주라는 게 아니라, 성교가 사랑을 나누는 한 가지 방법임을 알려주라는 말이다. 다만 성과 관련해서는 몸과 마음에 상처가 나기 쉬우므로 친구 사이에도 함부로 장난을 쳐서는 안 되며 책임을 질 수 있는 어른이 될 때까지 각별히 조심하라고 강조해야 한다.

성에 대한 호기심이나 본능은 아동기에 접어들면서 잠시 휴면상태에 들어간다. 청소년기에 이르기 전까지 아이는 성보다는 또래와 어울리고 운동, 예술, 독서 등 다양한 활동에 더 관심을 쏟는다. 그러나 요즘은 휴면기가 짧아져서 초등학교 고학년부터 중학생 무렵이면 성에 대한 관심이 다시 활발해진다.

아이의 공격성 다루기

프로이트가 제시한 또 다른 본능인 타나토스의 뿌리는 공격성이다. 아기는 생후 3~4개월만 되도 엄마의 젖을 잇몸으로 깨문다거나 짜증스럽게 소리를 지르며 공격성을 표출한다. 걸음마를 시작할 즈음이면 멀리 가지 못하게 만류하는 손길에 화를 내고, 말을 하면서부터는 "싫어!" "아니야!"를 반복하며 고집을 부린다.

유아기 공격성은 18개월에서 두 돌 무렵 최고조에 이른다. 이 시기에는 타인을 때리거나 소리를 지르고, 물건을 집어던지는 행동이 부쩍 는다. 성욕과 공격성, 두 가지 본능은 평생 인간을 움직이게 하는 에너지의 원천이기 때문에 무조건적인 억압보다는 잘 다듬는 데 목표를 둬야 한다.

아이는 공격적인 행동을 제지당했을 때 더욱 거세게 화를 낸다. 울고불고 발버둥 치는 아이를 향해 부모가 인상을 쓰며 안 된다고 다그치면 그럴수록 아이는 더 큰 소리를 내지른다. 가끔 마트나 지하철에서 이런 모습을 볼 때면 같은 부모로서 참 마음이 쓰리다.

제 뜻대로 할 수 없어 화를 내는 아이도 이해가 되지만 수많은 사람이 지켜보는 가운데 악역이 돼버린 엄마는 얼마나 난처하고 속상할까? 그 순간 누가 톡 건드리기라도 하면 아이보다도 엄마의 울음이 먼저 터져버릴 것만 같다.

공격성을 다듬는 데는 오랜 시간이 필요하다. 적당한 선에서 타일러지지 않을 땐 차라리 감정 충돌을 잠시 피하는 편이 더 낫다. 물론 아이가 감정을 소화하는 시간보다 부모가 마음을 다스리는 게 훨씬 빠르기에 이번에도 먼저 손을 내미는 것은 결국 우리의 몫이다.

좌절되고 화가 났던 마음을 조금 읽어주면 아이는 기다렸다는 듯 부모의 품을 파고든다. 이때를 놓치지 말고 편안한 목소리로 아이의 잘못된 행동을 바로잡아야 한다. 많은 부모가 아이와의 갈등이 풀어지면 좋은 게 좋다는 듯 넘겨버릴 때가 많다. 그러나 굳었던 마음이 녹아 말랑말랑해지는 이 순간이야말로 아이를 훈육할 최적의 타이밍이다.

옹알이와
잔소리

생후 2개월부터 아이는 '아-아?' '오-우?' 소리를 낸다. 이후 점차 낼 수 있는 소리가 다양해지고 3개월부터는 의미 있는 옹알이가 시작된다. 이 시기의 엄마, 아빠에게는 그만한 비타민이 없다.

옹알이에 부모가 관심을 갖고 반응해주면 아기는 신이 나서 더 활발히 소리를 낸다. 특히 아이는 부모의 입모양을 유심히 보면서 비슷한 소리를 내려고 노력하며 억양과 높낮이를 구체화한다. 그리고 마침내 첫돌 즈음 의미를 담은 '엄-마' '압-바'를 외친다. 부모는 아이의 한마디, 한마디에 입이 귀에 걸려 이 역사적인 순간을 휴대폰에 남긴다.

입이 트이고 나면 아이는 일주일에 한, 두 개씩 단어를 익히다가 18개월부터 두 돌까지 하루 한 개, 많으면 다섯 개까지 어휘를 습득하는 '언어 폭발기'를 거친다. 그리고 '엄마, 줘'라든가 '아빠, 차'와 같이 단어를 문장으로 조합해 말하기도 한다. 30개월이 지날 무렵에는 '엄마, 우유, 줘'처럼 세 가지 이상의 단어를 결합해 그럴듯한 문장을 구사한다. 어른처럼 말을 하는 시기는 5세쯤이다.

언어발달은 워낙 개인차가 크지만 아이가 모델링할 수 있도록 부모가 자주 말을 걸고 책을 읽어주면 발달을 촉진할 수 있다. 조금 늦게 말을 하더라도 너무 걱정하며 불안을 자극하기보다는 여유를 갖고 기다려주는 편이 낫다. 다만 아이가 또래보다 6개월 이상 더딜 땐 병원을 찾아 상담을 받아볼 필요가 있다.

아이의 옹알이가 느는 사이 부모는 점점 잔소리가 는다. 아이를 키우다 보면 밥 먹는 것부터 잠자는 것까지 지적거리가 끝도 없고, 아이의 위험한 시도에는 안 된다는 말을 자꾸만 되풀이하게 된다. 부모가 잔소리 국가대표가 되는 것은 시간문제다.

옹알이와 잔소리에는 몇 가지 공통점이 있는데, 첫째는 둘 다 자기도 모르게 튀어나온다는 점이고, 둘째는 그 안에 생각보다 많은 의미가 담겨있다는 점, 마지막 세 번째는 두 가지 모두 전달력이 매우 떨어진다는 사실이다. 아이가 옹알이를 거듭해 마침내 그럴듯한 언어를 구사하듯, 부모에게도 잔소리를 좀 더 효과적인 방식으로 표현할 방법이 필요하다.

언젠가 상담실에서 글씨를 예쁘게 못 쓰는 여덟 살배기 아이를 만난 적이 있다. 아이는 한동안 글씨를 잘 써보려 노력했고, 어느 날 전보다 실력이 늘었다고 느꼈다. 그런데 어른의 눈에는 여전히 삐뚤빼뚤한 글씨만 보일 뿐 아이의 노력이 보이지 않았다. 선생님으로부터 부정적인 피드백을 들은 아이는 글씨 쓰기 연습을 더는 원치 않았고, 상담실에서도 글씨를 감추느라 애썼다.

우리가 비판이나 지적을 들었을 때 표정이 굳어지듯 잔소리를 들으면 아이는 마음이 굳는다. 자칫하면 깊은 상처가 남을 수도 있다. 잔소리를 애정 어린 조언이라 해석한다면 조언에 앞서 반드시 관심과 사랑을 쏟아줘야 한다. 그래야 아이도 '듣기는 싫지만, 나를 위해 하는 말'이라는 사실을 조금 받아들인다.

배변 가리기
미션

사회화 과정에서 아이에게 주어지는 가장 대표적인 과제는 배변 훈련이다. 프로이트는 18개월부터 36개월까지의 기간을 항문기로 구분하고 배변에 중요한 의미를 부여했다. 그는 아이가 즉시 변을 배출하고 싶은 본능적 충동을 조절하면서 '자기조절 능력'을 기른다고 했다. 부모가 강압적으로 배변 훈련을 시켜서 갈등이 발생하면 아이는 항문기에 고착되어 '항문 보유적 성격' 또는 '항문 공격적 성격'을 형성한다.

항문 보유적 성격의 아이는 변을 배출하지 않고 참아서 부모와의 갈등을 차단하려 한다. 생리적으로는 변비에 걸리기 쉽고, 심리적으로는 과하게 억제하려는 경향성이 생겨 인색하고, 결벽이 심하며 완벽주의적인 성격으로 성장할 수 있다.

반대로 항문 공격적 성격의 아이는 자신을 억압하고 비난하는 부모에 대한 분노를 반항하듯 분출한다. 이러한 특성이 성격으로 고착되면 공격적이고 무질서한 태도를 보이게 된다.

사회생활을 하다 보면 하고 싶은 말도 참아야 할 때가 있고, 어렵더라도 해야 할 순간이 있는데 항문 보유적 성격의 사람은 해야 할 말도 끝까지 참다가 속이 곪는다. 반대로 항문 공격적 성격의 사람은 참아야 할 말까지도 툭툭 내뱉어 남에게 상처를 입힌다. 물론 그 화살은 대부분 고스란히 되돌아온다.

사회심리학자 에릭슨(E. H. Erikson)에 따르면 지지적인 환경에서 배변 가리기 미션을 잘 수행해낸 아이에게는 성취감을 바탕에 둔 자신감과 자율성이 생긴다. 자신을 스스로 잘 조절해낼 수 있다는 믿음은 주도적이고 적극적인 태도로 이어진다.

그러나 지적과 비난을 반복하는 부정적 피드백 속에서 자란 아이는 자신을 부끄럽고 무능한 존재로 여기며 부정적인 자기상을 형성한다. 자신을 믿을 수 없기에 삶을 대하는 태도 역시 소극적이고 의존적일 수밖에 없다.

배변 훈련에서도 아이와 한 팀이 되길

아이가 배변을 조절하려면 먼저 적절한 조건이 갖춰져야 한다. 신체장기가 발달해 괄약근과 방광의 조절 능력이 생겨야 하고, 때맞춰 변기까지 갈 수 있는 이동 능력도 필요하다. 대소변은 변기에 배설해야 한다는 관념을 형성할 인지능력과 '엄마, 쉬, 똥'이라고 말할 수 있는 언어능력도 발달해야 한다. 이러한 조건이 충족되지 않은 상태에서 배변을 가리도록 강요하면 안 되는 걸 하라고만 하니 그저 괴롭고 위축되기만 할 뿐이다.

일반적으로 배변 가리기 연습은 18개월부터 24개월 사이에 시작된다. 정말 빠르면 돌이 지나서부터 가리기 시작하는 아이도 있고, 늦으면 생후 30개월까지 가릴 준비가 안 될 수도 있다. 보통은 대변부터 가리기 시작하지만 어떤 아이들은 소변부터 가린다. 시기나 과정은 제각각이나 어쨌든 생후 36개월이면 98%의 아이가 변기 사용에 적응한다.

물론 빨리 대소변을 가리면 이 시기의 엄마에겐 일종의 자부심이 생길 수 있다. 또 빠를수록 기저귓값이 줄고 육아도 한결 수월해진다. 그러나 길게 보면 그저 똥오줌을 몇 개월 일찍 가릴 뿐, 그 이상의 의미는 없다. 우리는 배변 가리기 그 자체나 성공 시기보다 이 과정에서 형성되는 자기조절력과 자기상에 더 주목해야 한다. 특히 이때 형성되는 '자기 이미지'는 평생에 걸쳐 영향을 미친다.

배변 가리기를 통해 적절한 자기조절력과 긍정적인 자기상을 형성하려면 이 과정에 부모가 참여자로서 함께 해야 한다. 어떤 부모는 돌이 지나면 슬슬 배변 훈련을 '시킬' 생각을 하면서 아이가 잘 해내지 못할까 봐 걱정한다. 이들은 아이를 칭찬하거나 혼을 내는 감독관으로 자기 역할을 정의한다.

반면 어떤 부모는 어떻게 하면 우리가 이 첫 번째 미션을 잘 성공하고, 아이의 자신감을 극대화해줄 수 있을지 고민한다. 배변 가리기의 목적을 자신감 형성에 두고, 관찰자가 아닌 적극적인 참여자로서 '동참'하는 것이다. 이들은 아이가 좋아할 만한 변기를 사고, 아이에게 배변 가리기에 대한 동화책을 읽어주며 흥미를 불러일으킨다.

아이를 잘 관찰하다가 변의가 보이면 변기에 앉혀주고 만약에라도 성공하면 어느 때보다 즐겁게 아이를 칭찬해준다. 변기에 앉아 변을 본 순

간을 기분 좋은 경험으로 만들어주면 아이는 다시 그 기분을 느끼고 싶어서 자연스럽게 변기를 찾는다.

이 시기의 아이는 변을 더러운 오물로 보지 않을뿐더러 몸에서 나온 자신의 일부분으로 여기기도 한다. 그래서 변을 내려보낼 때 아쉬움에 울음을 터뜨릴 수도 있고, 내려보내기를 거부할 수도 있다. 공감하는 연습이 잘 되어 있는 부모라면 아이를 안아주며 떠나가는 변에게 함께 작별인사를 건네거나 아이 뜻대로 잠시 변을 놔뒀다가 내려보내도록 배려할 수도 있을 것이다.

특히 아이의 변을 너무 더럽다고 치부해버려서는 안 된다. 아이 관점에서는 자기 일부를 부모가 더럽게 여긴다고 받아들여 상처가 될 수 있다. 행여 아이가 변을 손으로 만지더라도 소리를 질러 놀라게 하지 말고, 몸에서 나왔지만 만져선 안 된다고 차분히 지도해야 한다.

만약 아이가 변기에 흥미를 보이지 않거나 앉아있기를 거부한다면 이를 존중해주며 천천히 재시도해야 한다. 아이가 자연스럽게 따라 할 수 있도록 엄마, 아빠가 변 보는 모습을 보여주는 방법도 있다.

아이가 배변 조절에 실패했을 때 조롱하거나 인상을 쓰며 실망스러운 티를 내는 것은 절대금물이다. 아이와 부모는 언제나 한 팀이다. 아이의 실패는 너의 실패가 아닌 우리의 실패다. 연습과정에서 실수하는 건 대수롭지 않은 일이다. 행여 아이가 실망한다면 함께 아쉬워해주고 다음 시도를 격려해주는 게 팀장으로서 부모가 수행할 역할이다.

프로이트의 심리·성적 발달단계

단계	시기	특징
구강기 (Oral stage)	출생 ~ 18개월	생을 향한 본능의 원천인 성적 추동, 즉 리비도(libido)가 입에 집중되는 시기. 아이들은 엄마 젖에 의존해 생을 이어가며 젖을 빠는 입에 온 감각을 집중시킨다. 이 시기의 아이는 무엇이든 입으로 가져가려는 경향이 있다. 자극이 과하거나 부족해 구강기 초기에 고착되면 구강 수동적 성격을 형성해 헌신하고 의존하며 순진하게 잘 믿고 그만큼 잘 속는다. 이가 나고 물고 씹기 시작하는 구강기 후기에 고착된 사람은 구강 공격적 성격을 형성해 논쟁적이고 잘 비꼬는 경향이 있으며 남을 이용하려 든다.
항문기 (Anal stage)	18개월 ~ 36개월	리비도가 항문에 집중되며 바로 배변을 하고 싶은 원본능인 이드(id)와 배변을 참고 조절해야 하는 사회적 규범 사이에서 갈등하는 시기. 강압적인 배변 훈련을 통해 변을 억제하려는 경향이 성격으로 고착된 아이들은 항문 보유적 성격을 형성한다. 이들은 고집이 세고 완벽주의적이며 인색하다. 반대로 부모에게 반항적으로 반응하고 이를 성격으로 고착한 아이들은 충동적이고 공격적인 성격을 보인다.
남근기 (Phallic stage)	3~6세	리비도가 성기에 집중되며 성별을 인식하고, 성 역할을 배우는 시기. 이 시기에 아이는 이성 부모와 사랑에 빠지고 동성 부모에게 질투심을 느끼는 오이디푸스 콤플렉스를 겪는다. 이를 억제하는 과정에서 도덕과 규범의 기준이 되는 초자아(superego)가 형성된다. 오이디푸스기를 잘 극복한 사람은 자신감이 있고 진취적이며 자기 역할을 잘 수행한다.
잠복기 (Latency stage)	6~12세	특정 부위에 리비도를 집중하기보다는 동성 또래와의 놀이나 운동에 집중하는 시기. 동성 부모나 친구를 모델링하며 원본능과 자아, 초자아가 발달해 균형을 이뤄간다. 사춘기를 거치며 다시 성에 관심이 생기지만 부모가 아닌 다른 이성을 향한다.
생식기 (Genital stage)	12세 ~ 성인기 이전	이차 성징이 일어나면서 성기관이 발달하고 성적 충동이 높아지는 시기. 이성에게 관심을 두고, 더 깊은 관계를 형성하면서 성인으로 이행한다. 생식기를 잘 거친 사람은 성숙하고 건강한 사회적 관계, 성적 관계를 형성한다.

자기를 사랑할 줄 아는 아이

사회화 과정 초기에는 본능을 조절하는 시도 대부분이 실패로 돌아간다. 그럴 때마다 아이는 한계에 부딪쳐 좌절한다. 심지어 지금까지 모든 문제를 나서서 해결해주던 부모가 앞을 가로막을 때도 있다.

부모도 어쩔 수 없다. 아이는 맨손으로 뜨거운 냄비를 만지려고도 하고, 친구의 장난감을 빼앗으려고도 한다. 매일매일 달콤한 초콜릿만 먹길 원하고, 동물원의 코끼리를 집으로 데려가길 바랄 수도 있다. 조금 자란 후에는 그림도 잘 그리고, 운동도 잘하고, 노래도 잘 불러서 선생님과 친구들의 관심을 독차지하길 바라지만 아직 아이는 자칫하면 오줌을 지리는 미숙한 존재일 뿐이다.

생후 초기에는 부모가 애초에 문제를 차단하거나 대신 해결함으로써 아이를 보호할 수 있지만 부모의 권한을 넘어서는 일들이 점차 늘면서 아이가 좌절에 노출되는 상황을 피할 길이 없다. 회피나 방지가 불가능하다면 목표는 좌절에 직면하고 성공적으로 극복하는 방향으로 변해야 한다.

자기 심리학의 창시자 하인즈 코헛(H. Kohut)에 따르면 인간은 '최적의 좌절'을 통해 성숙해진다. 그러나 좌절을 견디고 극복하려면 그 이상의 힘이 필요하다. 그 힘의 원천은 '부모의 사랑과 공감'이다.

한 아이가 투명한 통에 돌멩이를 가득 담아와 잔뜩 상기된 표정으로 말했다.

"엄마, 아빠 이거 봐, 내가 다 가져왔어!"

공감에 익숙한 부모들은 자연스럽게 "와~ 멋지다~ 어떻게 이만큼이나 담았어?"라고 반응하겠지만 연습이 잘 안 된 부모는 자신의 논리에 근거해 말한다. "왜 쓸데없는 돌멩이를 담았어? 차라리 예쁜 조개라도 담지."라고.

공감을 할 때는 객관적인 사실보다 주관적인 경험에 주목해야 한다. 그저 그런 돌멩이를 담는 것은 큰 가치가 없어 보이지만 그 순간의 아이에게는 무엇보다 중요한 목표였고, 아이는 이를 달성한 자신에게 감탄하고 있다. 공감할 줄 모르는 부모는 돌멩이를 정말 쓸데없는 무생물로 만들어버리지만 공감에 능숙한 부모는 아이의 노력과 성취에 의미를 부여하며 자존감을 높일 훌륭한 재료로 활용한다.

아이에게도 돌멩이 그 자체는 조만간 쓸모가 없어지겠지만 이 시기에 미숙한 스스로를 위대하다고 느끼는 비합리적인 '유아적 과대 자기'를 존중받은 경험은 건강한 자기애를 형성하는 데 기초가 된다. 건강한 자기애가 확립된 사람은 자신의 가치를 충분히 느끼고, 스스로를 존중하며 자기 능력에 자신감이 있다.

건강한 자기를 형성하려면 유아적 자기애 충족과 더불어 '이상적인 부모상'에 대한 경험이 필요하다. 한계에 부딪히더라도 의지하고 존경할 수 있는 부모가 곁에 있으면 아이는 안정감을 되찾는다. 코헛은 과대 자기의 욕구 충족이 어머니의 공감 반응과 관련되어 있다면 이상적인 부모상 형성에는 아버지의 역할이 중요하다고 했다.

'이상적인 부모상'이라는 말을 들으면 대단히 훌륭한 인격과 능력을 갖춰야 할 것 같은 부담감이 생기지만 다행히 아이들은 가을에 잠자리 한 마리만 잡아줘도, 살짝 망가진 장난감만 고쳐줘도 부모를 무한한 존경의 눈길로 바라본다.

능력 있는 해결사가 있는 아이는 자신이 다소 부족하더라도 전전긍긍하거나 불안해하지 않는다. 부모를 자신의 일부로 여기기 때문이다. 반면 그런 부모가 없으면 아이는 장난감 하나도 마음껏 가지고 놀 수가 없다. 망가지면 고칠 능력이 없기 때문에 그만큼 행동도 위축된다.

내재된 부모상은 아이가 성숙함에 따라 현실적인 목표로 진화한다. 실현 가능한 목표가 있을 때 인간은 최대한 능력을 발휘하며 스스로를 더 나은 곳으로 이끌어간다. 반면 이상적인 부모상을 갖지 못한 아이는 성인이 되어서도 목적의식 없이 무기력하거나 또는 허황된 이상을 좇으며 늘 불만족스러운 삶을 산다. 나아가 평생 이상적인 누군가를 찾아 헤매고 동경하며 삶을 허비할 수도 있다.

유아적 자기애와 이상적인 부모상은 자기 구조의 두 가지 축이다. 건강한 자기를 형성한 아이는 자신을 존중하고 사랑하는 법을 안다. 코헛은 자기를 사랑할 줄 알아야 다른 사람도 사랑할 수 있다고 보았다.

의미 있는 좌절은 성장의 계기가 된다

좌절이란 한계에 부딪혀 원하는 것을 얻지 못하거나 반대로 원치 않는 경험을 억지로 해야 할 때 겪는다. 아이가 좌절감을 느끼며 힘들어 하면 그 모습을 곁에서 지켜보는 부모의 마음도 무너진다. 그래서 어떤 부모는 아이가 실망하지 않도록 아이에게 전부 맞추려 애쓴다. 이들은 아이가 울고불고 소리를 지르면 어떻게든 달래려 원하는 모든 것을 손에 쥐어준다.

이러한 경험은 아이에게 화를 내고 떼만 쓰면 안 되는 게 없다는 믿음을 심어준다. 그렇게 자란 아이는 유치원에 가고, 학교에 가서도 되는 것과 안 되는 것을 구분하지 못한다. 집에서는 엄마, 아빠가 온갖 떼를 써도 다 받아주지만 친구들이나 선생님은 그렇지 않다.

2005년 미국 일리노이주의 한 초등학교 교감 선생님이 6살배기 1학년생 챈들러에게 하루의 정학 처분을 내렸다. 챈들러가 껌을 씹고 떠들며 지속적으로 수업을 방해한 데다 숙제를 여러 번 해오지 않았기 때문이다. 학교에서는 아이를 지도해달라는 징계문을 부모에게 수차례 전달했지만 수업태도는 달라지지 않았다. 급기야 교감은 어머니 미셸을 불러 자신이 보는 앞에서 아이의 볼기를 치고 지도하지 않으면 정학 처분을 내리겠다고 했다.

대부분 미국은 체벌이 금지되어 있다고 생각하지만 실제로는 94%의 부모가 교육을 목적으로 볼기를 치는, 이른바 '스팽킹(spanking)'을 한다. 이것은 '폭력'과 구분되는 '체벌'로서 법적인 문제가 없다. 당시 미국의 인권 연맹 등의 기관에서도 교감의 처분을 합법적인 조치로 판단했다. 그러나 어머니 미셸은 이를 받아들이지 않았고, 심지어 아이를 학교에서 자퇴시켜버렸다.

챈들러가 학교에서 보인 행동은 분명 부적절했다. 그 누구라도 수업 중 선생님과 친구들을 방해하면 교무실에 불려가 혼나는 게 당연하고 부모에게는 가정통신문이 전달된다. 교칙에 따라 마땅히 처벌도 주어진다. 체벌도 그중 하나다.

그러나 어머니 미셸은 체벌을 반대하는 양육 철학을 갖고 있었던 모양이다. 만약 챈들러가 엄마에게 볼기를 맞고 정신적 충격으로 트라우마가 생길 우려가 있었다면 미셸의 선택이 옳다. 그런데 자퇴라는 선택은 챈들러에게 어떤 경험이 될까? 아이가 새로운 학교에서도 같은 문제를 일으킨다면 그때는 어떻게 해야 할까?

분명한 건 볼기를 맞는 것만큼 자퇴와 전학도 그리 만만한 일은 아니라는 점이다. 대부분의 친구가 잘 적응하는 학교에서 이탈하는 것은 일종의 실패경험이다. 나아가 아이는 새로운 학교의 문화에 적응해야 하고, 이미 무리를 짓고 있는 아이들 틈에 끼어들어야 한다. 만약 새로운 학교에서도 이전의 문제행동을 반복한다면 갈등은 분명 재발한다. 또다시 선생님에게 혼이 나고, 부모에게 가정통신문이 전달되며 정학 처분이 또 내려질 수 있다.

어떤 형태로든 좌절은 필연이다. 코헛에 따르면 건강한 자기를 형성한 아이는 한계를 수용하고 극복하며 더욱 성숙해진다. 그러나 모든 좌절이 의미 있는 것은 아니다. 너무 약한 좌절은 자극을 주지 못해 성장의 계기가 될 수 없고, 반대로 과도한 좌절은 심리적인 외상, 즉 트라우마로 남을 수 있다.

부모에게는 좌절의 수준을 어느 정도 조절할 수 있는 막중한 권한이 부여된다. 가령 부모가 과잉보호를 하면 그만큼 의미 있는 좌절 경험이 줄어들고, 반대로 심각한 좌절로부터 아이를 보호하지 못한다면 마음에 치명적인 심리적 외상을 남길 수도 있다. 부모는 어떤 경험이 최적의 좌절로서 아이를 성장시킬지 숙고해야 한다. 부모의 감정이나 자존심보다는 이성적인 판단이 더 중요하다.

언젠가 상담실에서 엄마의 과잉보호 속에서 자란 고교생 아이를 만난 적이 있다. 아이는 제 뜻대로 되지 않으면 친구를 때렸고 돈이 필요하면 훔쳤다. 술, 담배는 물론이거니와 온라인 도박에서 성 문제까지 어느 것 하나 안심할 수가 없었다.

문제는 아이의 어머니가 적극적으로 학교 일에 관여해 잘못을 무마하고, '어쩔 수 없는 아이'라며 웃어넘긴다는 점이었다. 어머니의 보호막 안에서 의미 있는 좌절을 경험하지 못한 아이는 자신이 특별하다는 유아적 환상 속에서 원하는 것을 손에 넣기 위해 물불을 가리지 않았다.

아이는 옳고 그름을 구분하지 못하는 유치원생 같았다. 다만 어릴 때는 힘을 줘 집어던져도 망가지지 않던 장난감이 이제는 쉽게 부서져나갔다. 그리고 망가뜨려선 안 되는 것들까지도 집어던졌다. 부모가 잡아주지 않는다면 아이는 결국 자기 자신과 삶까지 망가뜨리고 말 것이다.

태어나면서부터 하면 안 되는 행동을 구분하는 사람은 없다. 그래서 아이에게는 이를 대신 판단해줄 부모가 필요하다. 우리의 역할은 아이가 일으킨 문제를 무마하는 게 아니라 합리적인 기준과 가치관을 교육하고, 잘못된 행동에 따르는 대가를 알려주는 일이다. 그래야 아이도 자기만의 기준을 확립해 잘못을 깨닫고 변화를 시도한다. 그 과정이 적응과 성숙이다.

생후 2년까지는 사랑을 바탕으로 공감해주기에 충실했다면 3년 차부터는 여기에 적절한 좌절 경험을 더해주어야 한다. 어리석은 시도로 한계에 부딪치는 아이를 보며 가슴이 아프더라도 때로는 잠자코 지켜봐야 하고, 때로는 세상을 대신해 직접 좌절을 부여하기도 해야 한다. 그게 '훈육'이다.

부모라는 울타리 안에서 이뤄지는 실패나 좌절은 안전하다. 혹시라도 아이가 생각보다 더 힘겨워하면 즉시 보호하고 도와줄 수 있기 때문이다. 아이에게는 그렇게 마음의 힘을 기르는 연습이 필요하다. 그래야 언젠가 울타리를 벗어났을 때 스스로 시련을 이겨내고 극복해갈 수 있다.

지나친 좌절로부터 아이 보호하기

과잉보호로 성숙해질 기회를 박탈당한 아이들과 반대로 과도한 좌절을 경험한 아이들은 심리적인 상처가 생겨 오랜 시간 고통을 겪는다.

지난해 폭력에 연루된 두 아이를 상담실에서 만났다. 한 아이는 초등학교에 재학 중인 학교폭력 피해자였고, 다른 아이는 고등학교에 재학 중인 폭력 가해자였다. 상반된 입장의 두 아이에게는 한 가지 공통점이 있었는데 그것은 어릴 적 아버지로부터 당한 폭력 경험이었다. 아이들이 그 순간을 잘 기억하지 못했기에 두 아이의 어머니를 통해 당시 상황을 전해 들을 수 있었다.

피해자로 상담실을 방문한 아이가 아버지에게 맞은 이유는 거짓말을 반복해서였다. 아버지는 버릇을 고쳐놓겠다며 아이를 방에 가둔 채 때렸고, 뒤늦게 어머니가 말리려고 들어갔을 때는 이미 충격을 받은 아이의 눈빛이 멍해져 있었다.

가해자인 고등학생 아이가 맞았던 이유는 장난으로 던진 공에 친구가 다쳤기 때문이었다. 공격적인 행동을 하는 아이에게 본때를 보여줘야겠다고 생각한 아버지는 아이의 두 팔을 제압하고 여러 번 따귀를 때렸다. 어머니는 그 순간 아이의 정신이 나간 것처럼 보였다고 회상했다.

두 아이는 모두 아버지의 폭력이라는 과도한 충격에 공황 상태에 빠졌던 듯하다. 감당할 수 없는 좌절의 경험은 트라우마로 남아 여전히 영향을 미치고 있었다.

학교폭력의 피해자인 아이는 자신이 언제든 또 맞을 수 있다고 생각했다. 또래 중에 힘이 센 아이가 가까이 있기만 해도 위축됐고, 상대가 위협을 가하면 순간적으로 머릿속이 멍해져 어떠한 대응도 할 수 없었다. 아이는 자기도 모르는 새에 아버지에게 폭행당한 순간처럼 다시 공황 상태가 됐다.

반면 가해자인 아이는 누군가 잘못을 저지르면 때려도 된다고 믿었다. 심지어 폭력 말고는 다른 방법을 떠올리지 못했다. 아이는 초등학교까지 잘못의 대가로 아버지에게 뺨을 맞고 주먹질을 당했다. 중학교 선배들에게도 비슷한 이유로 폭행을 당했다. 이러한 경험이 쌓이면서 아이에게는 '말을 안 듣는 사람은 맞아야 한다'는 생각이 각인되었다.

누군가 잘못된 행동을 했을 때 우리는 몇 가지 대안 중 하나를 선택한다. 잘못을 알려주고 지도하는 게 기본이지만 경우에 따라 아량을 베풀 수도 있고, 반대로 좀 더 화를 내거나 합법한 처벌을 할 수도 있다.

그러나 사회적인 관계에서 잘못했다고 폭력을 쓰지는 않는다. 물론 상대가 먼저 공격을 해온다면 자신을 보호하기 위해 정당방위를 행사하겠지만 그 외에는 전후 사정을 막론하고 폭력을 사용하는 그 자체가 잘못이고 범죄다.

아이에게도 마찬가지다. 아이의 잘못을 폭력으로 다스린다면 부모 역시 그 순간 잘못을 저지르는 셈이다. 아이가 일시적으로 부모의 폭력에 굴복할 수는 있지만 진심으로 잘못을 이해하고 뉘우치기는 어렵다. 되레 자존감이 훼손되고 폭력성이 높아지는 부작용이 발생한다.

아이를 키우다 보면 누구나 순간적으로 욱하는 감정을 조절하지 못할 수 있다. 그러나 대다수가 그런다고 해서 폭력이 정당화되지는 않는다. 우리가 모두 흔히 잘못을 저지르고 있을 뿐이다.

"때린 건 미안한데, 애초에 네가 잘못을 안 했으면 맞을 일도 없잖니."

부모는 이렇게 말하고 아이에게 사과했다고 생각한다. 그러나 이는 사과가 아니라 폭력의 원인을 아이에게 돌리며 부모 자신을 정당화하는 말이다. 힘이 없는 아이는 터무니없는 논리에 수긍하며 '잘못한 사람은 맞아야 한다'는 왜곡된 신념을 갖는다. 거기에 내·외적 경험이 더해지면 두려움을 중심으로 한 피해자와 분노를 중심으로 한 가해자가 양산된다.

부모는 세상에 앞서 아이에게 벌을 주고 잘못을 깨닫게 할 수 있다. 거짓말을 반복하다 외톨이가 되기 전에, 폭력을 사용하다 범죄자가 되기 전에, 세상이 주는 좌절이 아이를 무너뜨리기 전에, 아이가 견딜 수 있을 만한 안전한 좌절을 통해 성장의 발판을 마련해주는 것이다.

부모가 직접 좌절을 부여하는 이유는 과도한 좌절로부터 아이를 보호하기 위해서다. 그러나 폭력은 보호가 아니라 또 다른 형태의 '과도한 좌절'이다. 때로는 그것이 세상이 주는 좌절보다 더 큰 상처로 남는다.

아이를 키우다 보면 말도 안 되는 실수에, 잘못에, 반항에, 너무나 화가 나서 자기도 모르게 손이 올라갈 수 있다. 왜 아니겠는가. 부모도 한계가 있고 부족한 존재인데 말이다. 다만 자신의 한계를 스스로 인정할 수 있어야 한다. 자기를 다스리지 못하고 폭력을 썼다면 이는 변명의 여지가 없는 온전한 부모의 잘못이다.

그렇게 우리도 자기 한계를 경험하고 좌절을 겪어야 한다. 그래야 잘못을 깨닫고 더 성숙한 부모가 될 수 있다. 부모가 먼저 잘못을 뉘우치고, 진심으로 사죄하며 변화하려는 노력을 보이면 이를 통해 아이도 잘못을 인정하고 성장하는 과정을 배운다.

생후 3년 훈육의
시나리오

필요에 따라 부모는 아이에게 직접 좌절을 부여하고 훈육한다. 훈육할 때는 아이의 발달단계와 성향을 고려해야 한다. 어떤 아이는 부모가 인상을 쓰기만 해도 울음을 터뜨리지만 엉덩이를 맞아도 끝까지 고집을 굽히지 않는 아이도 있다. 본능으로 똘똘 뭉쳐진 아이를 바른길로 이끌어가기 위해서는 뼈대가 될 훈육의 기초 시나리오가 필요하다.

생후 초기부터 걸음마를 할 때까지는 "안 돼!" "위험해!"라고 말하며 행동을 제약하고 심각한 표정을 짓기만 해도 아이는 좌절한다. 특히 이 시기에는 옳고 그름을 몰라서 문제가 생기기 때문에 개념을 형성하는 데 목표를 둬야 한다.

아이가 물건을 집어 던진다면 놀란 표정을 지으며 말리고, 부모를 때릴 땐 아프지 않아도 괴로운 표정을 지어 아이를 걱정시켜야 한다. 아이는 자신이 사랑하는 부모가 아파하면 불안해지고 두려움을 느낀다.

아이를 자극하려면 연기력이 받쳐줘야 한다. 그렇다고 너무 리얼하면 죄책감을 느끼고 울음을 터뜨릴 수 있으니 적당한 수준에서 관심을 끌며 아픈 곳을 "호~" 해주도록 유도한다. 아이가 바람을 불어주면 고통에서 회복되는 척하며 칭찬과 고마운 마음을 전한다. 이러한 시도를 반복하면 자연스레 이타심을 키우고 폭력적인 행동은 줄일 수 있다.

아이가 말을 시작하면 옳고 그름을 가르칠 수 있다. 친구의 장난감을 빼앗으려는 행동을 제지하고 교육하다 보면 생후 2~3년부터 아이에게도 자기 행동을 통제할 수 있는 의지가 생긴다. 즉, 세 돌까지는 개념도 없고, 통제도 어려워 아이가 계속 잘못을 저지른다는 이야기다. 부모는 이를 당연하게 받아들이고 꾸준히 교육을 반복할 마음가짐을 가져야 한다.

하면 안 되는 행동을 가르칠 때도 시작은 공감에서부터다. 아이가 소망을 이루지 못해 괴로워할 때는 그것이 말도 안 되고 옳지 못하더라도

먼저 아이가 느꼈을 실망감부터 공감해줘야 한다. 친구의 장난감을 실제로 빼앗을 수는 없지만 갖지 못해 속상할 수는 있다. 놀이공원이 좋다고 그곳에서 평생 살 수는 없지만 집에 돌아가는 길에 눈물이 날 수는 있다.

"안 돼!" "뚝 그쳐!"라고 말하기 전에 먼저 감정에 공감해주고 엄마, 아빠도 모든 것을 다 해주고 싶지만 그럴 수 없어 안타깝다는 마음을 전달해야 한다. 그렇게 안고 보듬어준 후에 아이가 안정되거든 그때 역지사지의 관점에서 남의 물건을 빼앗으면 안 된다고 가르치는 게 효과적이다.

세 살짜리 아이에게 완벽한 이해를 기대할 수는 없다. 그저 엄마, 아빠가 막는 이유가 미워서 괴롭히려는 게 아니라는 인상만 남겨주면 된다. 사고가 발달하면 아이는 그동안 쌓인 생각들을 나름대로 바르게 정리한다.

떼쓰는 아이를 받아주기는 아무리 준비된 부모라도 괴롭다. 아이를 달래다 보면 부모도 한계에 부딪혀 화를 낼 수도 있다. 그 화가 적당하다면 이 역시 의미 있는 좌절 경험의 하나로 성숙해질 계기가 된다. 성숙한 사람은 아무리 사랑해도 때로는 화를 내고 실망시킬 수 있음을 안다. 그래서 상대를 더 잘 이해하고 포용할 수 있다.

생후 3년 부모의 기준 세우기

종종 화를 낸 후 죄책감 때문에 아이의 요구를 무분별하게 들어주려는 부모가 있다. 화를 내면서 요구를 들어주는 모순적 행동은 되레 아이를 혼란스럽게 만들고, 하나의 패턴이 되어 울고 떼쓰는 습관을 강화한다.

화를 내서 미안하다면 이를 마음에 새겨두었다가 나중에 비슷한 상황에서 화를 다스리려고 노력하면 된다. 마음이 편치 않더라도 안 되는 것은 명확하게 구분을 지어주어야 아이에게 기준이 생긴다. 기준이 세워지기 전에 '딱 한 번만'은 예외가 아니라 한 가지 경우의 수에 불과하다.

부모 나름대로 자기를 점검하는 노력도 필요하다. 절대 넘어가서는 안 되는 기준이란 십계명처럼 남을 해하지 않고, 자기를 지킬 수 있는 기본 중의 기본이지 주관적인 생각의 차이가 아니다. 가령 아이가 원하는 옷을 입고 싶다며 울고불고 의사를 표현하는데도 이를 무시하고 부모 눈에 좋아 보이는 옷을 입힌다면 이는 기준을 세운다기보다는 그냥 부모 고집대로 아이를 휘두르는 행동일 뿐이다.

문제는 독선에 빠지면 뻔한 오류도 제 눈에는 잘 보이지 않는다는 점이다. 그래서 자신을 돌아보고, 특히 주변 부모들과 소통하는 시간을 자주 가져야 한다. 정말 신뢰할 수 있는 그룹을 만들 수 있다면 그 안에서만큼은 부모로서의 진짜 자기 모습을 드러내고 다른 부모는 어떻게 하고 있는지 관심을 기울여야 한다.

아이를 이끌어가기 위해서는 흔들리지 않도록 중심을 잡아야 하지만 초보 부모는 언제든 내가 틀릴 수도 있다는 가능성을 열어두어야 한다. 종종 나만 맞고 주변이 모두 틀릴 때도 있지만 그리 흔한 일은 아니다. 주변 부모와 서로 의견이 달라 혼란스러울 때는 육아 경험이 많은 현명한 어른이나 전문가를 찾아가는 것도 좋은 방법이다.

많은 육아서가 생후 3년의 기간을 강조한다. 이 시기 발달과 성장에 맞물려 근본적인 신뢰감과 자존감, 가치관 등 마음의 핵심 요소가 형성되기 때문이다. 이에 더하여 나는 생후 3년까지 형성되는 '부모의 양육 철학과 태도'를 강조하고 싶다.

생후 3년간 사랑으로 아이를 보살피며 아이를 위한 선택이 무엇인지 고민하고, 자기를 돌아보는 습관을 들인 부모라면 아이가 열 살이 되고 스무 살이 되어도 자연스레 그런 태도가 삶에 묻어날 것이다. 그래서 생후 3년은 아이에게도, 부모에게도 놓쳐서는 안 될 중요한 성장의 시간이다.

훈육에 대처하는 부모의 자세

생후 3년을 지나 아이가 좀 더 크면 생각하는 의자에 앉히거나 손을 들게 해서 벌을 세울 수도 있다. 큰 잘못을 반복한다면 볼기를 치는 정도의 가벼운 체벌도 가능하다. 물론 아이가 느끼기에 과도한 체벌은 폭력으로 인식될 수 있으므로 기준을 내 아이에 두고 적정 수준을 결정해야 한다.

그러나 예상 시나리오대로만 된다면 그 누가 아이에게 소리를 지르고 손찌검을 할까. 우리는 모두 핑크빛 육아를 꿈꾸지만 아이는 언제나 예상을 빗나가고 삶에는 변수가 출몰한다.

아이를 키우다 보면 종종 어린이집이나 유치원에서 전화가 온다. 아이가 친구를 때려 상처를 입혔다는 비보다. 조금 커서는 뻔히 보이는 거짓말로 부모를 속이려 든다. 그러다 아이가 지갑에 손이라도 대는 날에는 가슴이 철렁 내려앉는다. 청소년기에는 학교에서, 심지어 경찰서에서 전화가 올 수도 있다. 그럴 때 손이 부들부들 떨리며 이성의 끈이 툭 끊어진다.

엄마, 아빠는 그야말로 충격에 휩싸인다. '다른 애들은 몰라도 내 새끼는 안 그러겠지'라는 판타지가 와장창 깨져버렸기 때문이다. 판타지는 기대가 만들어 내는 환상의 세계다. 아이뿐만 아니라 주변 사람 모두에게 우리는 나름의 환상을 품는다.

문제는 그 환상을 내가 만들었을 뿐, 아이도, 배우자도, 또 다른 누군가도 그 기대에 맞춰 행동하고 살아야 할 의무가 없다는 점이다. 아니, 의무감을 가진다 해도 채울 수가 없다. 애초에 판타지란 비현실적인 공상이다.

반대로 생각해보면 쉽다. 내 아이와 배우자, 주변 사람들 역시 내게 그런 환상을 갖는다. '우리 엄마, 아빠는 내 마음을 다 알 거야' '이 사람이라면 나를 다 이해할거야' '다른 사람은 몰라도 이 사람만큼은 내 부탁을 들어주겠지?' 하지만 어디 그렇던가. 살다 보면 오해와 의심이 생기고, 단호히 거절해야 할 순간도 있다.

바른말로 아이를 가르치지만 정작 그 말에 어긋나는 자기 모습을 발견하고는 부끄러워질 때가 한두 번이 아니다. 나 자신이 완벽하지 않듯, 내 기대에 완벽히 부응할 사람도, 부응해야 할 사람도 없다. 환상은 달고, 현실은 쓰다. 그렇다고 뱉을 수도 없다.

누구나 차를 살 때 에어백 시스템을 꼼꼼히 확인하고 운행 전 보험에 가입한다. 사고가 나기를 바라지는 않지만 혹시 모를 상황에 대비하는 것이다. 마찬가지로 육아에도 완충재가 필요하다. 순탄히 자라기를 바라지만 행여 아이가 사고를 치더라도 함께 무너지지 않으려면 평소 나의 기대와 환상을 검토하고 그것이 깨지는 순간에 대비해야 한다.

우리 아이도 언제든 문제를 일으킬 수 있다. 그리고 이때 어떤 부모로서 아이 곁에 존재하느냐에 따라 문제는 반복될 수도, 더 커질 수도, 아니면 줄어들 수도 있다. 평소 자신의 100%, 나아가 110, 120%의 힘을 쏟아붓는 부모들은 정작 아이에게 보호막이 필요한 순간 지쳐서 나가떨어져버린다. 패닉에 빠진 부모는 합리적 판단을 못하고 아이를 방치하거나 심지어 세상보다도 더 심한 비난을 퍼붓는다.

부모는 아이와 세상을 중재하는 존재다. 때로는 아이가 세상에 적응할 수 있도록 이끌어줘야 하고, 또 때로는 세상으로부터 아이를 보호해줘야 한다. 중요한 순간, 아이를 위해 존재할 수 있으려면 평상시 70~80%의 힘만 쓰고 나머지는 만일의 상황을 위해서 비축해둬야 한다.

생후 초기에는 다른 데 마음을 쓸 여유가 없지만 아이가 어린이집에 가고, 유치원에 가고, 학교에 진학하면서 조금이라도 여유가 생기면 이제 부모는 잊고 있던 자기 삶을 되찾아야 한다. 내 것을 아껴 아이에게 쓰더라도 일부는 나를 위해 쓸 줄도 알아야 하고, 원하는 모든 것을 다 하진 못해도 한두 가지, 자기에게 꼭 맞는 취미를 찾아 온전히 나를 위한 시간을 가져야 한다.

부모도 맛있는 것도 먹고, 사고 싶은 것은 좀 사도 된다. 그렇게 스트레스를 해소하고 활기를 충전해야 건강하고 행복한 상태로 존재(well-being)할 수 있다. 그럼 사고가 일어나도 함께 함몰되지 않고 아이를 구조할 수 있다.

훈육의 단계

1단계 실수와 잘못의 구분

부모가 건강한 상태를 유지하더라도 정작 문제가 터지면 아이에게 도움이 되는 반응을 해주기가 쉽지 않다. 아이를 훈육할 때는 몇 가지 단계가 필요하다. 이를 거쳐 가장 효과적인 방법을 찾아 반응해주는 게 아이의 미래와 우리의 정신건강을 위하는 일이다.

첫 번째는 실수와 잘못을 명확히 구분하는 단계이다. 스위스의 발달심리학자 피아제(J. Piaget)는 도덕성 발달을 '사실적 도덕성 단계'와 '상대적 도덕성 단계'로 구분했다. 사실적 도덕성 단계의 아이들은 의도보다는 결과를 중시한다. 예를 들어 친구를 괴롭히다 연필을 하나 부러뜨린 것보다 친구를 도와주다 연필을 두 개 부러뜨린 것을 더 큰 잘못으로 여긴다. 5세까지도 아이들은 규칙이나 잘못에 대한 개념을 제대로 형성하지 못하고, 부모나 형제를 따라 하기에 급급하다. 6세가 지나서야 잘못이라는 개념을 제대로 이해할 수 있다.

인지능력이 더 발달하면서 아이는 객관적 결과보다 의도가 더 중요한 판단 요인이라는 사실을 깨닫는다. 다양한 사람의 의견을 접하고 교육을 받으면서 도덕이란 때에 따라 상대적으로 해석될 수 있음을 이해한다. 아이는 8~9세면 무엇이 더 옳은 일인지 고민할 수 있고, 10~11세면 의도와 과정을 고려해 판단하는 '상대적 도덕성 단계'에 진입한다.

나이로 보면 우리는 당연히 상대적 도덕성 단계에 있어야 한다. 그러나 아이가 사고를 치면 의도는 온데간데없이 사라지고 오직 결과만 눈에 들어온다. 만약 아이가 들고 있던 유리잔을 깨뜨렸다면 가장 먼저 아이가 다치지 않았는지 확인을 해야 하고, 괜찮다면 그다음엔 자초지종을 물어야 한다. 단순히 물을 마시려고 했다거나 심지어 설거지를 도와주려다 실수했다면 이는 혼낼 만한 일이 아니다.

물론 조심해야 한다고 주의는 줘야 한다. 유리잔이 깨져서가 아니라 이로 인해 아이가 다칠 수 있기 때문이다. 우리는 깨진 유리잔 가격이 아니라 아이가 다쳤을 때 부모가 얼마나 속상한지 그 마음을 알려줘야 한다.

정말 소중한 유리잔이 깨졌다면 속상함을 적당히 전달할 수도 있다. 특히 엄마가 아니라 친구의 것을 깼다면 입장을 바꿔 생각해보게 하면서 실수의 결과를 마음에 새겨주어야 한다. 그래야 아이도 행동을 조심해야 한다는 점을 배운다.

실수와 잘못은 명백히 다르다. 아이가 유리를 깬 행동이 불만의 표출이거나 누군가를 공격하려는 의도에서 비롯됐다면 이때는 잘못에 대한 단호한 훈육이 필요하다. 그러나 훈육에 앞서 거쳐야 할 두 번째 단계는 잘못으로부터 한 발자국 뒤로 물러나는 일이다.

2단계 잘못에서 거리두기

아이가 육두문자를 쓰며 물건을 집어던지거나 남의 돈을 훔쳤을 때, 거짓말로 부모를 속이려 들 때 초보 부모의 심장은 주체할 수 없이 빨라지고, 엄청난 일이 벌어진 것만 같은 당혹감에 이성적인 사고가 어려워진다.

벽에 딱 붙은 채 눈을 뜨면 막막한 어둠이 앞을 가릴 뿐이지만 한 발자국 물러나 다시 보면 벽의 생김새를 볼 수 있다. 천천히 둘러보면 벽은 생각보다 작을 수도 있고, 잘 만져보면 돌이 아니라 종이로 만들어져 있을 수도 있다. 그럼 이 벽을 넘어가야 할지, 돌아가야 할지 아니면 뚫고 지나가야 할지 판단이 선다.

아이의 잘못도 마찬가지다. 너무 가까이에서 보면 어떤 부분이 얼마나 잘못되었는지 판단하기 어렵고, 주변 상황이나 아이 마음을 제대로 볼 수 없다. 훈육을 하려면 먼저 거리를 두고 잘못을 제대로 봐야 한다. 그래야 잘못이 제 크기를 찾는다.

우리도 가끔 화를 참거나 유혹을 견디지 못하듯, 아이도 그럴 수 있다. 아니 아이가 가진 인내심은 우리보다 몇 곱절은 더 약하다. 아직 다듬어지지 않은 아이는 거짓말을 할 수도 있고, 또 다른 실수를 저지를 수도 있다. 미국의 정신과 의사인 젤리슨(J. Jellison)에 따르면 우리는 7분에 한 번꼴로 거짓말하며 살아간다. 아이의 잘못도 딱 그 정도다.

벽 주변을 둘러보면 쓰기 좋은 도구들을 발견할 수 있다. 바로 아이가 지닌 여러 가지 강점이다. 아이가 잘못을 저질렀더라도 그것은 수만 가지 행동 중 몇 가지일 뿐이다. 아이는 잘못을 저지른 때보다 문제없이 잘 해낸 순간이 많고, 결점을 극복할 자원과 가능성을 지니고 있다.

3단계 잘못을 돌려보기

아이의 잘못이 본래 크기를 찾으면 다음 단계에서는 잘못을 이리저리 돌려봐야 한다. 우리는 무언가에 심취하면 그것의 다른 면을 보지 못한다. 우리가 마주한 벽의 전면은 검은색일지라도 옆면과 윗면, 뒷면에는 노란색이나 하늘색이 칠해져 있을 수도 있다. 아이의 잘못된 행동 역시 이리저리 돌려보면 그 이면에 숨겨진 다른 의미가 보이기 시작한다.

아이가 공격적인 행동을 지나치게 반복한다면 마음속에 풀리지 않은 화나 좌절된 욕구가 담겨 있을 수 있다. 마음이 밖으로 드러난 게 행동이라면 우리가 관심을 가질 부분은 행동의 원인인 마음이다.

물론 이유가 있다고 물건을 던지는 행위가 정당화되지는 않는다. 그러나 마음을 이해하고 바른길을 안내하는 것과 무조건 혼을 내는 것은 차원이 다른 훈육이다. 전후 사정을 파악하지 않고 혼부터 내면 아이는 자기 마음을 몰라준다고 느껴 부모를 따르지 않는다. 아이가 화를 내더라도 그러면 안 된다고 무조건 소리를 지르기 전에 도대체 무슨 일이 일어났고, 아이가 그 일을 어떻게 받아들였기에 화가 났는지 궁금해해야 한다.

때로는 자기를 지키기 위한 방어적 행동이 공격으로 표출되기도 한다. 언뜻 보면 불량하고 강해 보이는 아이들이 사실은 아주 연약하고 자신을 믿지 못하고 있는 경우다. 이들이 먼저 공격을 하며 다가올 수 없게 만드는 이유는 누군가 가까이에서 별 볼 일 없는 진짜 자기를 들여다볼까 봐 겁이 나서다.

거짓말에도 이면이 있다. 아이들에게 거짓말은 가장 쉽고 효과적으로 자기를 보호하는 방법이다. 솔직하게 말하면 원치 않는 경험을 할 게 뻔할 때 아이는 사실을 감춘다. 그것이 육체적인 폭력이든, 실망감을 드러내는 깊은 한숨이든, 부모의 반응이 괴롭고 견딜 수 없어 아이는 거짓말로 방어한다. 거짓말이 반복되는 이유는 대부분 그럴 수밖에 없는 환경 때문이다.

아이가 일으킨 파도에 휩쓸린 부모는 잘못의 정도나 의미를 파악하지 못한다. 거리를 두고 돌려보면서 잘못을 탐색하고 이해하는 과정은 수면 위로 올라가는 단계다. 그렇게 파도에 올라타야 어떻게 훈육하고 어떤 환경을 제공해줘야 할지 보이기 시작한다.

4단계 반응 결정하기

네 번째는 이제까지 이해한 바를 바탕으로 어떻게 훈육할지 결정하는 단계다. 훈육의 목적은 '잘못의 교정'에 있다. 아이를 훈육하다 보면 엄청난 감정과 에너지를 소비하며 갈등을 벌이게 되고, 자칫하면 아이와의 관계에 생채기가 날 수도 있다. 이러한 위험을 감수하는 이유는 그만큼 아이를 바른길로 이끌기 위해서다. 감정에 휩쓸려 나가는 반응은 아이를 교화하지 못하고 되레 반항심을 키워 부작용을 일으킨다. 그래서 어떻게 반응할지 결정하는 단계에서는 특히 이성적인 사고 과정이 중요하다.

물론 우리는 부처가 아닌 평범한 부모이기에 때로는 이성의 끈을 놓칠 때도 있다. 그러나 연습의 기회는 수도 없이 찾아온다. 잘못을 목격하고 이성의 기능이 마비되려 할 때마다 '기회'라는 한 단어만 떠올린다면 끈을 다시 부여잡을 수 있다.

  우리는 아이에게 도움이 될 반응이 무엇인지 충분히 고민하고 훈육의 방법을 주체적으로 결정해야 한다. 필요하다면 화가 안 나는 상황이라도 좀 더 화가 난 듯 반응해 아이에게 자극을 줘야 하고, 반대로 정말 화가 많이 나지만 더 놀랐을 아이를 위해서 덤덤한 척 마음을 감춰야 할 때도 있다.

  같은 방법을 반복해도 아이가 조금도 바뀌지 않는다면 이는 효과가 없다고 검증된 셈이다. 그럴 땐 좀 더 창의적인 방법을 떠올려야 한다. 대놓고 더 크게 화를 낼 수도 있지만 때로는 간접적으로 속상함을 내비치는 편이 더 효과적일 때도 있다.

  잘못을 느끼게 해주기 위해 적정 수준의 처벌을 할 수도 있고, 마음을 담은 편지를 써서 바른길을 안내할 수도 있다. 또는 아이에게 영향을 줄 수 있는 사람을 찾아 만남을 주선하거나 간접체험을 통해 잘못의 결과를 경험하게 할 수도 있다.

  부모보다 아이를 더 잘 아는 사람은 없다. 내 아이에게 꼭 맞는 훈육의 방법은 결국 내가 찾아야 하고, 만약 모른다면 다양한 시도를 해보는 수밖에 없다. 결정은 누가 대신해줄 수 없는 부모의 몫이다.

5단계 훈육하기

결정을 내렸다면 비로소 훈육을 한다. 아닌 척해도 사고가 터지면 아이는 우리보다 훨씬 놀라고 불안해한다. 그 와중에 부모의 반응까지 격렬하면 아이는 더 깊이 숨으려 든다. 그래서 첫 번째 단계에서 아이의 몸과 마음을 먼저 살펴야 한다고 강조한 것이다.

두 번째 단계에서 충분히 거리를 두고, 세 번째 단계에서 잘못을 이리저리 둘러보았다면 부모는 자기 마음을 가다듬고 어느 정도 아이에게 공감할 수 있다. 온 세상이 비난을 퍼붓더라도 아이를 품어줄 수 있는 사람은 부모밖에 없다. 분명히 잘못된 행동을 했지만 그럴 수밖에 없었던 아이의 입장을 잠시나마 함께 경험해줘야 한다. 가벼운 연기가 아니라 진정성을 갖고 내적으로 공감한 내용을 겉으로 드러내 전달해야 한다.

아이 마음이 안정되고 외부의 자극을 받아들일 준비가 되면 비로소 잘못을 바로잡아준다. 아이는 이를 즉시 받아들일 수도 있고, 생각할 시간을 가질 수도 있다. 시간이 걸리더라도 그냥 넘어가지 말고 마무리를 지어주는 게 중요하다.

아이가 부모 생각에 동의하고 잘못된 생각을 바로잡았으나 행동이 고쳐지지 않는다면 처벌이나 보상에 대한 규칙을 논의한다. 규칙을 정하는 이유는 잘못의 대가를 치르기 위해서가 아니라 교정을 위해서다. 아이도 스스로 행동을 고쳐야 한다고 생각하고, 고치고 싶지만 잘 안 되기 때문에 적절한 처벌과 보상이 필요한 것이다. 아이가 벌을 받고 있다는 생각을 갖지 않도록 아이가 주도해 규칙을 세울 수 있도록 격려하고, 그렇게 변화에 성공하면 아이에게 의미 있는 성취의 경험으로 이 과정을 되새겨야 한다.

길게 풀어썼지만 실상 이 다섯 단계는 눈 깜빡할 새에 일어난다. 종종 중간 단계는 뛰어넘더라도 일단 문제가 생기면 실수와 잘못을 구분하는 1단계와 무엇이 아이를 위한 반응인지 고민하는 4단계는 거쳐야 한다.

그리고 중요한 문제라면 다음에라도 중간 단계를 재점검할 필요가 있다.

아무리 부모가 덤덤한 척 반응해도 아이는 자기 잘못 때문에 괴로워하는 부모의 마음을 충분히 알아챈다. 눈물을 훔치면서도 괜찮다고, 다시 하면 된다고 말해주는 부모에게 아이는 마음의 빚을 진다. 고마움과 미안함이 섞여있는 이 빚은 언젠가 전환기가 찾아왔을 때 올바른 삶에 대한 동기로 작용한다.

- 4~5개월경 아이는 자기와 대상에 대한 개념을 형성하기 시작한다.
- 10개월 무렵 기고 걷기가 가능해지면서 아이는 엄마로부터 분리하는 '연습기'를 거친다.
- 16개월경 아이는 세상으로 나가고 싶은 욕구와 엄마에게 의지하고 싶은 욕구 사이에서 갈등하는 '재접근기'를 지낸다.
- 엄마와 분리하는 과정에서 아빠와 직접 관계하는 삼자관계가 시작되며 아이의 세계가 넓어진다.
- 2~3세경 아이는 엄마와의 적절한 거리를 발견하고, 좋은 엄마와 나쁜 엄마를 통합하며 안정감을 획득한다.
- 아이는 18개월이면 성별을 인지하고 성 정체성을 확립해간다.
- 유아의 자위행위는 간지러운 곳을 긁는 행동과 비슷한 의미다.
- 성 자체를 금기시하기보다 문제가 일어나지 않도록 교육해야 한다.
- 공격성은 18개월부터 두 돌 사이에 최고조에 달한다.
- 아이는 첫 돌 무렵 의미를 담아 '엄마' '아빠'를 말하고, 18개월부터 급격히 언어를 습득하는 '언어 폭발기'를 거친다.
- 18개월부터 24개월 사이 배변 가리기 연습을 시작할 수 있다.
- 36개월이면 98%의 아이들이 대소변을 가린다.

- 배변 가리기를 통해 아이들은 자기조절력을 배양하고 자기상을 형성한다.

- 생후 3년 차부터 아이는 적절한 좌절을 통해 성숙한다.

- 견딜 수 없는 과도한 좌절은 트라우마가 되어 오래도록 부정적인 영향을 미친다.

- 훈육에 앞서 부모는 합리적인 기준을 세우고 수시로 점검해야 한다.

- 부모가 평소 힘을 비축해둬야 아이가 사고를 친 순간 함께 무너지지 않는다.

- 아이가 성장할수록 부모 자신을 위한 시간을 갖고, 자기관리를 해야 한다.

- 훈육의 5단계 : 실수와 잘못 구분하기, 잘못에서 거리두기, 잘못을 돌려보기, 반응을 결정하기, 훈육하기

- 생후 3년간 형성된 부모의 양육 철학과 태도가 평생 지속된다.

더 큰 생각으로
통하는 길

아들러 심리학과
인간중심 심리학을
중심으로

한 해, 두 해 성장할수록 아이의 세계는 놀랄 만큼 넓어진다. 유치원이나 학교에 가면 역할이 눈덩이처럼 불어나고, 동생이 생기거나 또래 관계가 확장되며 관계가 얽히고 그 사이에 갈등도 생긴다.

이 장에서는 생후 초기를 넘어 이후 아이가 겪는 주관적 경험을 살펴보고, 그에 따른 부모 역할의 변화를 이야기하고자 한다.

똑같이 키워도
다른 아이들

첫째 아이

생명의 탄생은 언제나 우리를 들뜨게 하지만 특히 집안의 첫 아이는 온 가족의 관심과 사랑을 독차지한다. 엄마, 아빠는 물론이고 양가의 할머니, 할아버지, 고모, 삼촌에 이르기까지 모두가 아이의 작은 표정, 몸짓 하나에 어깨를 들썩인다.

모든 게 처음인 엄마, 아빠는 아이의 사소한 컨디션 변화에도 예민하게 반응하고, 아이가 쓰는 거라면 샴푸 하나도 소재와 성분을 꼼꼼히 따진다. 첫째를 키울 때는 굳이 필요하지 않은 유아용품도 괜히 하나씩 사게 되고 아이를 위해서라면 그 어떤 희생도 아깝지가 않다.

아이도 부모의 헌신적인 사랑을 온몸으로 느낀다. 울음을 터뜨리면 신속하게 달려와 안아주고 불편을 해소해주는 환경에서 아이는 자신이 얼마나 소중한 존재인지, 사랑받을 만한 가치가 있는지 자연스럽게 느낀다. 그 경험이 세상과 사람에 대한 신뢰감, 안정감, 자신감으로 이어진다.

그러나 돌봄이 과하면 의존성이 커지고 자기중심적인 태도가 생기기도 한다. 아들러에 따르면 늘 부모의 관심을 독차지하며 자란 아이들은 또래 관계에서 주목받지 못했을 때 이를 불공평하게 느낀다. 나를 중심으로 돌아가지 않는 세상이 낯설고 불편한 것이다. 대표적으로 외동인 아이들에게 그런 경향이 나타난다.

더 큰 위기는 동생이 태어날 때 찾아온다. 동생이 생기면 아이는 그동안 당연하게 누려온 모든 것을 절반, 또는 그 이하로 나눠야 한다. 어떤 아이는 출산 때문에 사라졌던 엄마가 동생을 품에 안고 들어오는 순간 털썩 주저앉아 울음을 터뜨린다. 첫째가 느끼는 상실감은 '폐위된 왕'에 비유될 만큼 격렬하다.

첫째는 아기 때 받았던 사랑을 되찾으려 한참 전에 뗀 엄마의 젖을 다시 찾거나 아무 데나 대소변을 보는 퇴행 행동을 한다. 그러나 안 그래도 갓 태어난 아기 때문에 정신이 없는 부모에게 첫째의 투쟁이 곱게 보일 리 없다. 관심을 얻기는커녕 되레 혼이 난 첫째는 거듭되는 실패에 결국 부모의 사랑을 얻기보다 혼자서도 잘 살 수 있는 길을 선택한다. 독립심과 책임감이 발달한 첫째는 성실하고 순종적인 편이라 대체로 주변에서 좋은 평가를 받는다.

부모도 말귀를 잘 알아듣고 듬직한 첫째에게 의지한다. 두 아이를 안아줄 수 없으니 첫째는 걸어가 주길 바라고, 모두에게 장난감을 줄 수 없을 땐 첫째에게 양보를 권한다. 첫째도 갖고 싶은 게 많고, 엄마 품에도 안기고 싶지만 쉽게 말을 꺼낼 수가 없다. 이미 엄마는 동생을 보느라 지쳐있기 때문이다.

좀 더 일찍 태어났다고는 하지만 동생이 없었다면 첫째도 여전히 돌봄을 받고 있을 어린애일 뿐이다. 사랑을 빼앗긴 것도 모자라 매번 양보를 강요당하다 보면 아이는 억울함과 분노를 느끼고, 동생을 질투한다.

겉으로 드러내지 못하고 속으로 삭이는 데 익숙해진 첫째에게는 더 많은 관심과 이해가 필요하다. 특히 첫째라는 이유로 희생을 강요하기 전에 첫째만이 누릴 수 있는 권한을 먼저 부여해줘야 한다.

예를 들면 주말에 엄마가 둘째를 돌보는 동안 아빠가 첫째를 데리고 마트나 도서관, 카페에 가서 단둘만의 시간을 갖는 것이다. 이 순간만큼은 동생이 태어나기 전처럼 모든 관심과 사랑을 온전히 쏟아준다. 첫째에게만 허락된 특별한 공간에서 아이를 격려하고 평소 느끼는 고마움을 솔직하게 전달한다면 참고 양보하느라 척박해진 마음을 촉촉하게 적셔줄 수 있다.

그렇다고 권한을 준 만큼 보상을 하라는 이해타산적인 태도를 취해선 안 된다. 그 순간부터 아이는 불순한 의도를 느껴 둘만의 시간을 거부한다. 첫째가 부모의 부탁에도 불구하고 양보하지 않고 격한 감정을 보인다면 일단 충돌을 피하고 안정이 되거든 따로 시간을 내서 대화를 나누는 게 좋다.

대부분 부모는 '첫째를' 이해해주기보다 되레 '첫째가' 이해해주기를 바란다. 또 높은 기대치를 갖는데 그 이유가 참 심플하다. '첫째니까.' 그런데 첫째로 태어난 아이들과 상담을 하다 보면 가장 듣기 싫어하는 말이 바로 '첫째니까'다.

부담을 완전히 덜어줄 수는 없지만 적어도 첫째가 이해해주기를 바라기보다는 첫째를 이해하려는 태도를 가져야 한다. 어떤 부모는 짐을 지고 있는 첫째를 안타깝게 여기고 미안해하는 반면 어떤 부모는 당연한 것을 내놓으라는 태도를 보인다. 첫째가 불가피한 상황을 견디고 성숙해지느냐, 어깨를 짓누르는 힘에 무릎을 꿇느냐는 부모의 마음가짐에 달려있다.

둘째 아이

책임을 타고나는 첫째와는 다르지만 둘째의 삶도 마냥 편안하지만은 않다. 첫째에게는 잠시나마 온 가족의 사랑을 독차지하는 시간이 있지만 둘째는 애초에 반쪽짜리 사랑으로 인생을 시작한다.

자신이 태어나기도 전부터 존재한 경쟁자는 늘 앞서 있다. 출발선 자체가 다른 첫째를 따라잡으려 애쓰다 보니 둘째는 더 적극적이고 도전적이며 외향적인 성격을 형성한다. 특히 첫째의 약점을 발견하면 그 분야에 집중해서 역전을 도모한다. 그래서 첫째와 둘째는 관심사나 성격, 진로가 달라지는 경우가 많다.

첫째가 다방면에서 뛰어나 돌파구가 없으면 둘째는 깊은 열등감에 빠진다. 경쟁심을 불태워봐야 이길 방법이 없으니 관심을 얻기 위해 궁여지책으로 삐뚤어진 행동을 하지만 결과는 부모의 근심과 한숨뿐, 정작 얻고자 했던 인정과 기대는 첫째에게 더욱 쏠린다.

둘째에게는 자기만의 삶이 있다는 사실을 일깨워줘야 한다. 첫째만큼 잘하지 못하더라도, 남보다 부족하더라도, 노력하는 그 자체에 충분한 칭찬과 인정을 쏟아줘야 끊임없는 경쟁의 굴레에서 벗어날 수 있다.

둘째에게 한 번 더 위기가 찾아오는 순간은 셋째가 태어날 때다. 첫째는 이미 동생이 생길 때 사랑을 빼앗기는 경험을 해봤지만 둘째는 그나마도 반쪽짜리였던 사랑이 더 줄어든다. 이때 둘째는 자신을 가엾게 여기며 세상이 부당하다고 느낀다. 가운데 껴서 적응을 잘 못한 둘째는 더 큰 문제를 일으킬 가능성이 높다. 하지만 적응에 성공하면 뛰어난 협상 기술과 조정능력을 키워 훌륭한 중재자로 성장한다.

막내

막내는 사랑을 빼앗기는 상실경험 없이 부모와 형제들의 관심을 독차지한다. 막내가 태어날 무렵 부모는 좀 더 안정적인 환경을 이루었을 가능성이 높고, 터울이 있는 첫째는 부모와 더불어 막내에게 좋은 롤모델이 된다.

그만큼 발전 가능성이 높지만 막내라는 이유로 과보호하거나 지나치게 허용적인 양육을 하면 의존적인 성격을 형성하고 버릇이 없어진다. 형제들에게는 답답한 막내를 기다려줄 인내심을 기대하기 어렵다. 따라서 부모 주도하에 막내에게 직접 해볼 수 있는 연습 기회를 가능한 한 많이 줘야 한다. 막내는 얼마나 독립심을 키워주느냐가 관건이다.

한 부모에게서 태어나더라도 출생순서에 따라 아이가 처하는 환경은 제각각이다. 형제의 유무는 말할 것도 없고, 한 해, 한 해 부모의 상황과 몸 상태, 생각 변화에 따라 양육의 질이 달라진다.

외부요인에 더해 아이마다 타고나는 기질적 차이도 무시할 수 없다.

부모가 똑같이 반응해줘도 어떤 아이는 웃고, 다른 아이는 짜증을 낸다. 그래서 이 세상에는 같은 경험을 하며 자라는 아이가 단 한 명도 없다. 제각기 고유한 자기를 형성한 아이들을 하나의 잣대로 평가하고 비교하는 시스템은 매우 부적절하다. 아리스토텔레스(Aristoteles)가 말했듯이 모든 불행은 비교에서 시작된다.

물론 인간은 경쟁에서 완전히 자유로울 수 없다. 그러나 적어도 가정에서만큼은 아이들 하나하나를 특별한 존재로 보고, 비교하지 않는 문화를 만들어주면 좋겠다.

부모와 경쟁하며
성장하는 아이

형제가 없는 아이들에게 가장 강한 경쟁 상대는 부모다. 프로이트는 이러한 경쟁심을 자연스러운 발달상의 특징으로 여겼고, 특히 동성 부모에게 강한 질투심을 느끼는 경향성을 '오이디푸스 콤플렉스'라는 유명한 이론으로 설명했다.

오이디푸스 콤플렉스에 따르면 3~5세 무렵 남아는 사랑하는 엄마를 독차지하길 원한다. 그러나 엄마의 곁에는 늘 방해꾼 같은 아빠가 있다. 아이는 아빠에게 질투심과 경쟁심을 느끼며 아빠가 사라지길 바라는 소망을 품는다. 그러나 무거운 짐을 거뜬히 옮기고, 망가진 장난감을 뚝딱 고쳐내는 아빠를 보면서 아이는 아빠가 자기와는 비교도 할 수 없을 만큼 힘세고 월등하다는 사실을 깨닫는다.

아이는 자기가 품었던 고약한 마음을 들키면 아빠가 자신을 거세시킬지도 모른다는 두려움을 갖는다. 거세되는 성기는 성에 대한 욕구와 그 욕구로부터 생겨나는 생의 에너지를 상징한다. 즉, 거세되는 것은 성기

그 자체라기보다는 삶의 원천과도 같은 '생을 향한 에너지'다.

아이는 심리적인 생명줄과도 같은 이 소중한 에너지를 지키려고 자연스럽게 오이디푸스적 욕구를 무의식으로 억압하고, 현실적인 자아의 판단에 따라 아빠를 모방하기 시작한다. 아빠처럼 멋진 남자가 되어 엄마 같은 여자와 결혼하겠다는 실현 가능한 목표를 설정하는 것이다. 프로이트는 이러한 심리적 발달 단계의 특징을 그리스·로마 신화에 나오는 오이디푸스에 빗대어 설명했다.

오이디푸스는 테베의 왕 라이오스와 왕비 이오카스테 사이에서 태어났다. 라이오스는 어느 날 예언자로부터 오이디푸스가 자신을 멸망시킨다는 말을 듣고 아들을 죽이기로 결심한다. 그러나 명령을 수행하던 하인은 차마 오이디푸스를 제 손으로 죽이지 못하고, 발을 묶어 들판에 버려둔 채 떠나버렸다. 오이디푸스는 죽기 직전 지나가던 목동에게 발견되어 우여곡절 끝에 이웃 나라 코린트의 왕 폴리버스와 왕비 메로페에게 전달됐다. 마침 자식이 없던 폴리버스는 오이디푸스를 친자식처럼 부양했다.

청년이 된 오이디푸스는 어느 날 아폴로 신전의 예언자로부터 아버지를 죽이고 어머니와 정을 나누게 된다는 예언을 듣고, 원흉의 싹을 자르고자 친부모라고 생각한 폴리버스와 메로페의 곁을 떠난다.

테베로 향하던 오이디푸스는 좁은 길목을 지나다 맞은 편 일행과 싸움을 벌였는데, 그 결과 상대를 죽이고 그의 아내를 차지한다. 그들이 친부모 라이오스와 이오카스테였다. 훗날 모든 사실을 알게 된 이오카스테는 스스로 목숨을 끊고, 오이디푸스는 이오카스테의 브로치로 두 눈을 찔러 장님이 되며 이야기는 비극으로 끝을 맺는다.

프로이트의 초기 연구에서는 남아를 중심으로 한 오이디푸스 콤플렉스만 정립되었지만 후에는 여아에게도 마찬가지로 아버지를 독차지하고 싶은 욕구가 생긴다는 '엘렉트라 콤플렉스'를 제시했다.

실제로 아들은 대부분 아빠와 팔씨름이나 게임을 하며 경쟁을 벌이고, 그러다 지면 엄마 품으로 달려가 떨어지지 않는다. 딸은 반대로 "나중에 크면 아빠랑 결혼할 거야!"라는 말을 입버릇처럼 하다 어느 날 아빠가 이미 엄마와 결혼을 했다는 사실을 알고는 울음을 터뜨리며 엄마를 원망한다.

부모는 아이의 승부욕을 자극하는 중요한 라이벌이다. 아이는 부모를 따르고 의지하면서도 동시에 그 누구보다 부모를 뛰어넘길 원한다. 그리고 비로소 그 벽을 넘었을 때는 굉장한 승리감에 취한다. 이를 가리켜 '오이디푸스적 승리(oedipal triumph)'라 한다. 오이디푸스처럼 아버지에게 치명상을 입힌다면 씻을 수 없는 죄책감에 시달리지만 적당한 수준의 승리 경험은 자신감을 높여준다.

부모가 너무 강하기만 하면 아이는 그만큼 위축된다. 강한 부모가 같은 편일 때야 그보다 더 든든할 수 없지만 뜻이 달라 그 힘이 자신을 향하면 기가 죽을 수밖에 없다. 적당한 수준의 경쟁자라면 최선을 다해 이겨보려 하겠지만 그럴 엄두도 나지 않는 상대라면 어차피 질 게 뻔하니 시작도 하기 전에 경기를 포기하고 만다.

아이는 부모에게 복종하는 태도를 보이지만 반복적으로 자기 뜻을 굽히는 과정에서 패배감이 쌓인다. 그러면 또래 관계에서 부모처럼 강한 상대에게는 소극적인 태도를 보이다가 약자를 만났을 땐 돌변해 승리에 집착하며 경쟁심을 불태운다. 잦은 패배로 결핍된 욕구를 채우려 애쓰는 것이다.

이 아이들에게는 이기고 인정받는 경험이 필요하다. 아이가 정말 최선을 다했을 때는 부모가 모르는 척 한 번쯤 져줄 수도 있고, 어느 정도 합리적인 의견을 내세운다면 완벽하지 않더라도 아이의 주장을 인정하고 따라줘야 한다. 아이를 위해서라면 약간의 승부 조작은 무죄다.

아이가 이기고 부모가 지는 순간이 있어야 성숙한 패자의 모습을 보여줄 기회도 생긴다. 부모는 지더라도 패배감에 빠지지 않고 적당히 아쉬워하며 상대를 칭찬하는 성숙한 태도를 보여줄 수 있다. 또, 이기고 지는 승부 그 자체보다 함께 즐거운 시간을 보내서 좋았다는 새로운 관점을 제시해줄 수도 있다. 이번 승부에서는 졌지만 진 이유를 공부하고 다음번에 이기기 위해 다시 노력하는 모습도 보여줄 수 있다. 그렇게 이기고 싶고, 인정받길 원하는 아이의 욕구를 적당히 채워주며 이기는 것 이상의 의미를 발견할 수 있도록 이끌어야 한다.

늘 이기는 데만 익숙해서 패배를 견디지 못해도 문제지만 만성적인 패배감과 승리에 대한 지나친 집착도 문제다. 그만큼 아이에게는 승리와 패배의 다양한 경험이 필요하다. 그래야 이길 수도 있고, 질 수도 있는 인생을 자연스럽게 수용할 수 있다.

책으로 아이의
마음 읽기

아이를 낳고 기르면서 금세 늘어가는 물건 중 하나가 책이다. 출산할 즈음에는 푹신하고 가벼운 유아용 책이 책꽂이 한 줄을 겨우 채우지만 초등학교에 들어갈 무렵이면 유명 아동 출판사의 책 세트가 한쪽 벽면을 가득 채우고도 남는다.

활동적인 아이는 한 자리에서 책을 읽는 정적인 활동에 흥미를 느끼지 못한다. 그러나 유치원이나 학교에 진학했을 때 거부감 없이 책을 가까이하려면 어려서부터 꾸준한 연습이 필요하다.

유아기에는 아이를 품에 안고 소리 내어 책을 읽어줌으로써 언어적 자극과 함께 기분 좋은 경험을 쌓아줄 수 있다. 특히 부모가 생생한 감정 표현을 섞어가며 읽어주면 아이는 더욱 흥미를 느낀다.

아동기에 접어들면 책에 대해 대화를 나눠야 한다. 아이는 책에서 다른 사람의 생각이나 필요한 정보를 얻고, 정서 자극을 받는다. 독서 후 경험을 처리하는 과정은 읽는 그 자체보다 더 중요하다. 아이에게는 자신이 느낀 점을 분명히 하고, 타인의 생각을 참고로 자기만의 생각을 정립할 시간이 필요하다.

소화하지 않고 그냥 삼켜버린 남의 경험이나 가치관은 언젠가 내적인 갈등을 유발한다. 예를 들면 '남을 돕고 살면 행복하다'는 글을 읽고 자원봉사를 시작했지만 힘만 들고 더 이상의 의미를 발견하지 못해 금세 중단하는 경우다. 심지어 다른 책에서 '남을 돕기 전에 나부터 도와야 한다'는 문구를 보면 머릿속이 복잡해진다. 상충하는 다양한 생각과 자기 경험을 적절히 정리하지 못하면 혼란이 가중된다.

게슈탈트 심리학에서는 타인의 가치관이 필터링 없이 내 안으로 들어오는 것을 가리켜 '내사'라 한다. 내사된 신념을 따르다 보면 늘 숙제를 하는 듯한 기분에 좋은 일을 해도 마냥 즐겁지가 않다. 마음에서 우러나오는 진짜 '내 것'이 아니기 때문이다. 아이에게는 좋기만 한 '남의 것'보다 다양한 '내 것'이 필요하다.

한편 책을 두고 상징적인 대화를 나누다 보면 아이의 속내도 파악할 수 있다. 처음에는 '누가 제일 좋아?'라든가 '이 중에서 어떤 게 갖고 싶어?'와 같이 객관식으로 질문해야 답하기도 편하다. 어떤 답을 하느냐보다 느끼고 생각해보는 순간을 갖는 데 의미를 둬야 한다. 두세 돌만 되어도 손으로 가리키거나 간단한 답을 할 수 있으므로 아이가 정확하게 이해하지 못하더라도 한 번씩 질문을 던져 이 과정을 연습한다.

조금 더 성장해 자기 생각을 표현할 수 있을 때가 되면 좀 더 구체적인 질문을 한다. '너는 이 사람의 어떤 면이 좋아?' '이때 기분이 어땠을까?' '등장인물에게 뭐라고 이야기해주고 싶어?' 등 아이가 생각과 정서에 머무를 수 있도록 묻고, 주관적인 의견을 표현해볼 시간을 준다. 이를 통해 아이는 자연스럽게 타인의 감정에 공감하고 마음을 자각하는 연습을 한다.

동화를 읽으며 시작한 이야기를 현실과 연결 지을 수도 있다. 이야기 속 주인공이 신나 보인다면 '현실에서 그렇게 신이 났던 순간은 언제였는지' '어떻게 하면 그렇게 신이 날 것 같은지' 묻고, 실제 아이의 정서 경험과 소망을 파악해 육아에 반영한다.

초등학교 고학년이 되면 책을 읽으며 느낀 점이나 생각을 폭넓게 나눌 수 있다. 아이가 어려워한다면 부모가 먼저 자기 생각과 느낌을 전하며 본보기가 돼주어야 한다. 좋은 표본이 되려면 부모가 먼저 독서 감상에 익숙해져야 할 것이다.

종종 아이와 부모 사이에 생각 차이가 클 수도 있다. 초등학교 저학년까지 아이는 어른이 이해할 수 없는 기발한 판타지를 늘어놓거나 조금 커서도 제한된 정보와 지식을 바탕으로 편협한 주장을 펼치곤 한다. 아이의 이야기가 허무맹랑하고 설득력이 떨어진다고 해서 부모가 무시하는 태도로 고차원의 논리를 들어 반박한다면 아이는 이야기를 나누는 재미를 잃는다. 또한 무한한 가능성을 가진 아이의 창의력과 사고력이 부모의 틀에 갇히고 만다.

이 시기에는 아이가 자기 이야기를 하는 데 중점을 둬야 한다. 아이와의 대화에서 의문이 생길 때는 가볍게 궁금한 점을 묻고 아이의 생각을 있는 그대로 존중해주는 게 좋다. 물론 다른 관점을 전달할 수도 있지만 논쟁을 벌여서 옳고 그름을 따질 필요는 없다. 그저 사람마다 생각이 다를 수 있음을 경험적으로 알려주는 정도면 충분하다. 그 순간 굳이 허점을 일깨워주지 않아도 아이는 청소년기를 거치고 어른이 되면서 더 많은 경험과 정보를 통해 스스로를 견고하게 다듬어간다.

　아이와의 독서는 즐겁고 흥미롭다. 부모가 그렇게 느낀다면 아이도 그렇게 느낄 것이다.

유치원부터 시작되는 학습

아이의 장래에 대해 생각하다 보면 빠지지 않고 떠오르는 주제가 교육이다. 특히 먼저 아이를 낳고 키우는 주변 부모들의 얘기를 듣다 보면 어디에서 어떻게 공부를 시켜야 할지 고민에 빠진다. 요즘은 유치원부터 학습을 시작하니 사실 그렇게 먼 미래도 아니다.

돌이켜보면 학생 때는 왜 그렇게 공부가 재미없었는지 모르겠다. 시험기간이 정해지면 한숨부터 났고, 성적표를 받으면 늘 찝찝했다. 부모님이 공부에 대해 말을 하면 하는 대로 스트레스였고, 안 하면 안 하는 대로 부담스러웠다.

여전히 다수의 부모, 자녀가 공부 때문에 갈등이 심해져 상담실에 온다. 아이 인생에 학습이 주는 영향이 크다 보니 어쩔 수 없는 부분이다. 아이가 장성하기 전까지는 교육환경이 주거지를 결정하는 요인 중 가장 우선순위이기도 하다. 살다 보면 잊히겠지만 '아이를 어떻게 교육할 것인가'는 부모 역할을 시작하며 한 번쯤 생각해볼 만한 주제다.

독서를 좋아하는 아이도 초등학교 고학년을 지나 중고등학교에 진학하면서 공부에는 쉽게 흥미를 붙이지 못한다. 그런 아이에게 부모는 자꾸만 공부를 강요한다. 아이는 아직 필요성을 실감하지 못했지만 부모는 공부가 얼마나 중요한지 살면서 절실히 느꼈기 때문이다. 뒤늦은 깨달음은 온전히 아이를 향한다.

사이가 좋던 부모, 자녀도 이 시기에 위기를 겪는다. 한 어머니는 공부로 시작된 갈등이 너무 깊어져 아이를 끌고 상담실에 찾아왔다. 아이는 엄마가 자신의 털끝 하나도 건드리지 못하게 거부했고, 엄마는 아이가 잠들었을 때만 손을 잡는다며 눈물을 흘렸다. 이쯤 되면 문제는 공부가 아니다.

나 역시 부모의 입장에서 우리 아이가 공부를 잘했으면 좋겠다. 아니 더 욕심을 부려서 공부'도' 잘했으면 좋겠다. 그러나 둘 중 하나를 택하라면 주저 없이 아이의 손을 잡겠다. 아이가 정신적 고통을 호소하는데도 부모가 공부에만 매달린다면 책의 맨 앞장으로 돌아가 진정한 소망을 되새겨봐야 한다.

애초에 부모와의 갈등이 이 정도로 깊어지면 억지로 공부를 시켜봐야 성과가 나올 리 없다. 스트레스와 분노로 가득 찬 마음으로 책상에 앉아봐야 집중이 안 된다. 반항심이 더 커지는 날에는 보란 듯 비행을 저지르거나 시험을 망쳐올 수도 있다. 점수를 잘 받아온다면 모를까 이렇게 역효과만 생긴다면 굳이 서로 으르렁거릴 이유가 없다.

그나마 초등학교 저학년까지는 갈등이 적다. 아직은 사고가 미숙하므로 공부의 필요성을 이해시키기보다는 경험적으로 습관을 들이는 게 더 편하다. 특히 이 시기에는 아이가 들고 오는 받아쓰기 점수보다 책상에

앉아 숙제하고 책을 들여다보며 노력하는 모습에 더 주목해야 한다.

노력은 충분한 보상이 있을 때 이어진다. 좋은 성적과 선생님의 칭찬은 아이에게 훌륭한 보상이 될 수 있다. 그러나 노력에 비해 낮은 성적을 받고, 긍정적인 피드백을 얻지 못하면 하기 싫은 공부를 지속해야 할 이유가 없다. 되레 해봤자 안 된다는 좌절감과 무능감이 아이를 우울하게 만들 뿐이다.

학교에서는 대체로 결과에 대한 보상은 해주지만 과정에 대한 보상까지 해주지는 않는다. 낮은 성적을 받았더라도 노력을 알아채주고 칭찬해주는 일은 가정에서 부모가 해야 할 몫이다. 노력하는 습관만 잘 들여놓으면 효과적인 공부 방법을 찾기는 상대적으로 쉽다.

좋은 성적이 목표가 되는 시기는 초등학교 고학년 이후다. 이쯤이면 아이도 머리가 커서 공부를 해야 하는 이유를 찾기 시작한다. 아이에게는 진로 탐색과 목표가 필요하다. 부모와 함께 구체적인 미래를 떠올리다 보면 장기목표와 단기목표, 당장의 과업이 도출될 것이다.

국영수든, 예술이든, 특정 기술이든, 아이가 진득하게 한 가지 목표를 향해 노력한다면 걱정할 게 없지만 아이들은 대부분 중학교를 거치며 수도 없이 장래희망을 바꾼다. 어떤 부모는 수시로 새로운 미래를 꿈꾸는 아이에게 끈기가 없다고 비난한다. 그러나 이 시기의 다양한 경험은 훗날 유용하게 쓰일 중요한 자산이다. 고민에 빠져 움직이지 못하는 것보다는 조금 돌아갈지언정 여러 갈래의 길을 직접 가보고 경험하는 편이 백배 낫다.

고등학교를 진학할 무렵에는 그동안의 경험을 근거로 자신의 흥미와 소질을 판단하고, 관심 영역을 좁혀가야 한다. 수시로 목표를 바꿔온 지난날을 돌아보고 그 결과에 직면하다 보면 아이도 선택의 필요성을 느낀다.

그나마 하고 싶은 게 있으면 다행이다. 진로 상담을 하다 보면 대학생이 되어서까지도 원하는 게 없어서 고민하는 경우가 부지기수다. 목표가 없는 아이는 학업 수준을 중간이라도 유지하도록 격려하는 게 최선이다. 미리 준비해두지 않으면 언젠가 하고 싶은 일이 생겨도 할 게 너무 많아 시작할 엄두가 나지 않는다. 큰 의욕을 기대하기는 어렵지만 이 아이들에게는 불안을 자극할 현실적인 충고가 필요하다. 과도한 불안은 신경증을 유발하지만 적당한 불안은 위험에 대비하는 동기가 된다.

부모는 종종 아이와 함께 미래를 내다보고, 과거를 돌아보는 시간을 가져야 한다. 수동적인 사람은 과거와 미래에 얽매이지만 주체적인 사람은 과거와 미래를 이용해 지금 이 순간 어떻게 존재할지 스스로 결정한다.

아이의
또래 관계

따돌림 당하는 아이

미래를 떠올리며 신경이 쓰이는 또 한 가지 주제는 아이의 또래 관계다. 특히 요즘은 유치원에서도 흔히 왕따 문제가 생기고, 심지어 부모 사이에서도 서로를 따돌리는 일들이 적잖이 벌어진다. 우리는 그렇다 처도 아이가 유치원이나 학교에서 폭력 피해를 입거나 왕따를 당했을 때 부모로서 어떻게 대처해야 할까?

2016년 1차 학교폭력 실태조사에서 교육부는 5년 연속 학교폭력이 줄고 있다고 발표했지만, 흔히 학폭위라 불리는 '학교폭력대책자치위원회'의 현황을 살펴보면 2013년에 1만7,749건이었던 심의 횟수가 2014년에 1만9,521건, 2015년에 1만9,689건으로 집계돼 되레 건수가 늘었음을 확인할 수 있다. 학폭위는 분명하게 폭력이 식별됐을 때 열린다는 점을 고려하면 드러나지 않는 폭력은 아마도 몇 배에 달할 것이다.

피해 경험이 있는 아이들은 특히 언어폭력과 집단 따돌림을 가장 괴로워했다. 1990년대 후반에 등장해 심각한 사회 이슈로 떠오른 왕따 문제는 25년 새 더욱 확산돼 아이부터 어른까지 연령을 막론하고 우리를 괴롭히고 있다.

2014년 조사에 따르면 학교폭력을 하는 이유는 '그냥 장난'인 경우가 30%로 가장 많았다. 가해자는 장난이지만 피해자의 고통은 상상을 초월한다. 친구들에게 놀림과 괴롭힘을 당한 아이는 그 순간을 떠올릴 때마다 참을 수 없는 분노와 모멸감을 느낀다.

누군가에게 함부로 취급당한 경험은 아이의 자존감을 훼손하고 분노를 유발하며 이를 막지 못한 자신에게 무력감과 수치심을 느끼게 한다. 나아가 주변 아이들이 자기를 지켜보며 비웃었을 것만 같다는 생각이 아이를 더욱 괴롭힌다.

분노는 어떻게든 표현되고 해소되어야 한다. 가해자를 공격하고 싶지만 아이에게는 그럴 힘이 없다. 그래서 아이는 공격할 수 있는 가장 만만한 대상을 찾는다. 바로 자기 자신이다. 실제로 학교폭력 피해 학생 10명 중 무려 4~5명이 자살을 생각한다.

특히 한 번 왕따로 몰린 아이들은 해가 바뀌어도 벗어나기가 어렵다. 피해 강도나 기간에 따라 후유증은 몇 년이고 지속된다. 아무리 생후 초기 부모로부터 대상에 대한 긍정적인 믿음을 형성했더라도 괴롭힘이 반복되고 한계를 넘어서면 그 깊은 뿌리마저 흔들릴 수 있다.

위기의 순간 아이에게는 아주 깊은 수준에서 마음을 나눠줄 사람이 필요하다. 가장 가능성이 높은 상대가 부모다. 물론 신뢰관계가 잘 형성되어 있을 때의 이야기다. 때로는 이 순간 부모의 반응이 피해 그 자체보다 더 큰 영향을 미치기도 한다.

어떤 부모는 괴롭힘에 이유가 있으리라는 생각에 잘못의 원인을 아이에게서 찾는다. 심지어 아이를 향해 당황스러움과 속상함을 공격적으로 표출하는 경우도 있다. 그러나 앞서 언급했듯 가해자 3명 중 1명은 그냥 재미로 친구들을 괴롭힌다. 명확한 이유가 없다는 것은 묻지마 범죄처럼 그 누구도 안전할 수 없다는 이야기다. 설령 아이가 뭔가 눈에 띄는 행동을 했더라도 폭력은 그 자체로 잘못이지 아이의 행동에 따른 정당한 결과가 아니다. 어떤 경우에도 비난의 화살을 피해자에게 겨누어선 안 된다.

만약 아이가 이야기를 꺼냈다면 부모가 가장 먼저 보일 반응은 고마움이다. 피해를 본 아이들은 제 입으로 치부를 드러내기가 죽기보다 어렵다. 속상해할 부모를 생각하면 더욱 그렇다.

마음을 열기까지 아이는 수없이 많은 고민과 걱정을 했을 것이다. 학교 폭력이든, 그 외에 속상한 일이나 잘못이든, 또는 아주 비밀스러운 문제든 부모는 그동안 혼자서 힘들었을 아이의 마음을 헤아리고, 믿고 이야기를 꺼내 준 데 고마움을 느껴야 한다. 이 순간 부모가 무너져버리면 아이는 앞으로 자기 속내를 털어놓기가 어려워진다.

첫 번째로 고마움을 표현했다면 그다음에는 아이의 편에서 괴로움에 깊이 공감해줘야 한다. 힘들었을 아이의 마음을 함께 느끼고 다독여주는 과정은 마음의 상처에 연고를 바르고 밴드를 붙여주는 것과 같다.

위로가 어렵다면 차라리 같이 화를 내줘도 좋다. 함께 욕하며 충분히 분노를 표출하게 해주면 아이 마음에 쌓여있던 찌꺼기가 조금이나마 꺼내어진다. 분노는 참는다고 사라지지 않는다. 마음 한구석, 안 보이는 곳에 숨어 곪고 썩다가 언젠가 폭발한다. 만약 아이가 사소한 일에도 신경

질적이고 공격적인 반응을 보인다면 아이 마음에 꺼내어지지 않은 찌꺼기가 남아 있을 가능성이 높다.

내가 상담실에서 만난 피해 아동들은 하나같이 "엄마, 아빠가 내 편에서 같이 욕이라도 해줬다면 괜찮았을 거예요"라고 한다. 부모 입장에서 생각해봐도 누가 내 새끼를 괴롭혔다는 말을 들으면 당장에라도 찾아가 욕을 퍼붓고 때려주고 싶은 마음이 드는 게 자연스럽다. 이를 적당한 선에서 솔직하게 표현해주면 된다.

물론 화만 내고 끝내는 건 아니다. 욕을 하든, 소리를 지르든, 운동이나 오락을 하든, 어떤 방법으로든 속이 후련해질 때까지 부정적인 감정을 표출하고, 그 후 다시 한 번 아이의 마음이 어떤지 확인하고 보듬어줘야 한다. 아이가 안정을 되찾았다면 그땐 현실적인 문제 해결 방안을 함께 모색한다.

아이가 혼자라는 느낌이 들지 않게 적극적으로 함께 대응하되 가능한 아이 의견을 따라주는 게 좋다. 피해 정도가 심하다면 당연히 부모가 학교에 찾아가 조치를 해야겠지만 애매한 상황일 때 부모가 나서면 제대로 해결은 안 되고 되레 아이만 고자질쟁이로 몰릴 우려가 있다.

바로 해결하지 않더라도 속내를 털어놓은 첫 번째 경험이 안정적이고 괜찮았다면 아이는 이후에도 문제가 생겼을 때 부모에게 도움을 요청한다. 담임교사가 융통성이 있다면 아이의 동의하에 상황을 설명하고 당장 처벌하기보다 관심을 가져달라는 부탁을 미리 해두는 게 좋다. 그래야 문제가 커졌을 때 학교 측에 적극적인 도움을 요청할 수 있다.

문제가 심각할 땐 담임교사와 상의해서 법조인과 경찰관이 배석하는 학교폭력대책자치위원회 심의를 열 수 있다. 학교에 지지체계가 형성되어 있다면 아이를 가해자와 격리하고 다시 적응할 수 있도록 돕는다. 만약 지지체계가 부재하다면 전학이나 이사도 생각해봐야 한다. 삶의 터전을 옮기는 일은 여러모로 어려운 결정이지만 아이를 생각했을 땐 충분히 고려할 수 있는 방법이다.

물론 피해자가 학교를 옮겨야 하는 상황은 제도적으로 절대 옳지 않다. 그러나 시스템의 보완은 우리가 당장 어떻게 할 수 있는 부분이 아니다. 그렇다면 나라에 민원을 제기하는 한편 아이에게도 뭔가 방법을 찾아줘야 한다. 제도를 바로 잡기 위한 대의가 있더라도 지금 이 순간 우리 아이를 희생시켜서는 안 된다.

우리 아이도 가해자가 될 수 있다

대부분 부모는 자기 아이가 피해자가 되는 상황을 걱정하지만 생각해보면 폭력의 가해자들도 모두 누군가의 자식이다. 그 말은 곧 우리 아이도 가해자가 될 수 있다는 말이다. 부모로서 우리는 두 가지 상황을 모두 고려하고 대비해야 한다.

아이에게는 남을 해하면 벌을 받고 선행을 베풀면 복이 온다는 권선징악의 스토리가 필요하다. 실제로 평소 행실이 좋은 사람은 힘든 일이 생겼을 때 여기저기서 먼저 도움의 손길을 내주지만 해만 끼치던 사람은 어디 가서 부탁하기도 쉽지가 않다. 하다못해 신을 찾더라도 그나마 착하게 살려고 노력이라도 했어야 기도할 때 염치가 생긴다.

아이를 가르치기 위해서는 부모에게 먼저 선한 마음에 대한 신념이 있어야 한다. 사람을 귀하게 여기고 다른 사람도 나만큼 존중받을 가치가 있다고 믿는다면 그것이 행동에 묻어나 아이에게 전달된다. 그런데도 아이가 누군가에게 해를 끼치는 문제가 거듭된다면 단호하게 훈육해야 한다. 아이의 행동이 어떤 결과로 이어지는지, 피해자의 마음이 어떨지 아주 구체적으로 생생하게 떠올려보는 시간이 필요하다.

한 가지 조심할 점은 아이에게 과도한 죄책감을 느끼게 해서는 안 된다는 것이다. 누구나 잘못을 저지른다. 이를 인지하고, 뉘우치고, 반복하지 않으려 노력하는 게 우리가 할 수 있는 최선이다. 잘못은 하나의 사건일 뿐이다. 잘못을 저질렀다고 해서 그 사람 자체가 잘못된 것은 아니다. 잘못뿐 아니라 단점이나 약점도 그 사람의 일부일 뿐 전체를 설명해주지는 못한다. 사람을 볼 때는 다각도에서 통합적으로 봐야 한다. 아이나 다른 사람을 볼 때도 그렇고, 자기 자신에 대해서도 마찬가지다.

심지어 인간은 매 순간 어떻게 존재할지 선택할 수 있다. 아이가 어제 잘못을 저질렀더라도 오늘부터 다른 선택을 한다면 어제의 아이와 오늘의 아이는 질적으로 다른 존재다. 물론 과거가 지워지지는 않는다. 다만 과거의 잘못을 인정하고 뉘우친다면 그 순간 새로운 존재로 거듭날 수 있다.

아이를 성장으로 이끄는
부모의 시각

인간 중심 상담의 창시자 칼 로저스(C. Rogers)는 모든 인간에게 건설적인 방향으로 성장해가는 '자기실현 경향성'이 있다고 보았다. 다만 이 무한한 잠재력을 우리 아이가 발휘하려면 먼저 우리가 몇 가지 조건을 갖춰야 한다.

첫 번째는 '진솔성'이다. 사람이 진솔해지려면 먼저 진짜 자기를 만나고 인식할 수 있어야 한다. 앞서 수없이 강조했던 자기 자각이다. 부모가 좋을 땐 좋다, 기쁠 땐 기쁘다, 속상할 땐 속상하다는 마음을 있는 그대로 느끼고 적절히 표현해야 아이와 깊은 수준의 교류가 가능하다.

두 번째는 또 '공감'이다. 시대와 국가를 초월해 심리치료학자 대부분이 공감을 강조하는 이유는 그만큼 정신건강에 중요한 요인이기 때문이다. 객관적인 사실보다 아이의 주관적인 경험을 함께 느끼고 반응해준다면 아이는 마음에 쌓인 문제를 스스로 이해하고 발전 방향을 모색할 수 있다.

마지막으로 '조건 없는 긍정적 존중'과 '수용적인 환경'이 필요하다. 부모가 먼저 긍정적인 관점으로 아이를 바라보고, 따뜻하고 수용적인 분위기를 조성해줘야 아이도 그 안에서 자기가치를 발견하고 무한한 가능성을 발휘한다.

어떤 부모는 아이를 긍정과 포용의 눈으로 보고 존중하기를 어려워한다. 이들은 늘 아이의 부족한 모습에만 주목하며 비난이 습관화되어 있다. 그렇게 지적만 받은 아이에게는 '나는 약속을 지키지 않는 아이야' '나는 답답한 아이야' '나는 양심이 없는 아이야' '나는 늘 이런 아이야'라는 메시지가 가득차고, 그것이 곧 아이의 정체성이 된다.

부정적인 정체성이 확고해지면 나중에 누군가 다른 반응을 해줘도 아이는 자신의 성장 잠재력을 믿지 못하며 "어차피 저는 안돼요"라고 말한다. 이런 아이들이 가장 안타깝다. 누구나 부족하고 모자란데, 거기서 아주 조금씩 나아갈 뿐인데, 안 된다는 믿음이 가득한 아이는 정말로 그 이상 앞으로 나아갈 수가 없다.

근거 있는 자신감 다지기

아이에게는 성장 가능성에 대한 믿음이 필요하다. '나는 소중한 존재'라는 믿음이 자존감이라면 '나는 할 수 있는 사람'이라는 믿음은 자신감이다.

유년기에는 "너는 괜찮은 아이야"라는 막연한 말로도 충분하지만 사회를 경험하고 성장해갈수록 아이에게는 자신을 괜찮다고 인정할 수 있는 구체적인 이유가 필요하다. 그것이 타당하고 굳건해야 청소년기, 성인기에도 포기하거나 엇나가지 않는다. 근거를 쌓는 대표적인 방법은 익숙하고도 어려운 '칭찬'이다.

아이를 칭찬할 때는 자세히 관찰해서 장점을 찾고, 이를 구체적으로 제시해야 한다. '약속을 잘 지키는 모습이 좋았다'거나 '친구에게 양보하는 걸 보고 놀랐다'는 문장처럼 실제적인 칭찬을 할 수도 있고, 유치원에 꼬박꼬박 가는 일상적인 행동에도 '성실함'이라는 이름표를 붙여줄 수 있다.

생각지도 못한 장점을 부모가 반복적으로 발견해주면 아이는 그것을 자신의 일부로 받아들인다. 그러면 누군가 "너는 어떤 아이니?"라고 물었을 때 "우리 엄마가 저는 약속을 잘 지키는 아이래요"라고 답한다.

심지어 싫다는 말을 반복하는 아이에게도 "자기표현을 잘한다"라는 말로 긍정적 의미를 부여해줄 수 있다. 긍정성을 찾지 않고, "너는 매사에 왜 그렇게 부정적이냐?"라고만 하면 아이에게 '나는 부정적인 아이'라는 정체감만 쌓이지만 "너는 자기 의사표현을 참 잘한다. 다만 싫을 때처럼 좋을 때도 그렇게 표현해보면 어떨까?"라고 해주면 아이에게 '자기표현을 잘한다'는 장점과 '부정적인 표현을 많이 한다'는 사실이 고루 전해진다.

아이의 정체성은 어릴 적에는 부모로부터 지대한 영향을 받고, 커가면서는 스스로 내리는 자기 정의에 타인의 반응이 더해져 형성된다. 아이가 부정적이라 믿는 면도 부모가 긍정적 관점에서 재해석해주면 방향을 전환할 계기가 생긴다.

한 가지 유의할 점은 아이가 칭찬에 매달리게 해서는 안 된다는 것이다. 타인의 눈에 맞추는 삶은 재미가 없다. 엄마, 아빠를 만족시키려 애쓰는 아이는 유치원에 가서는 선생님을, 또래 관계에서는 친구들을 만족시키려 한다. 그렇게 맞추다 보면 끝이 없다. 이리 맞추면 저 사람에게 불만이 생기고, 저리 맞추면 이 사람을 충족시킬 수 없다. 그러다 보면 늘 바쁘고, 고단하고, 자기라는 본질을 잃어 표류할 가능성도 높아진다.

유용한 방법은 부모가 칭찬할 때 아이도 스스로를 칭찬하도록 연습시키는 것이다. 그렇게 하면 아이에게 자신을 예쁘게 볼 수 있는 눈이 생기고, 그것이 긍정적인 자기상의 형성으로 이어진다. 그 다음은 로저스가 말한 본능적인 자기실현 경향성이 발휘될 차례다.

초보 부모의
또 다른 역할

대물림되는 부모와 자녀의 관계

부모가 되는 길을 내다보고 실제 부모가 되어가는 과정에서 우리는 수시로 어린 시절의 나를 만난다. 어린 내 모습은 때로는 부끄럽고, 때로는 대견하고, 또 때로는 안쓰럽게 보인다. 그리고 그 곁에는 항상 우리의 부모님이 계신다.

감사함이 충만할 수도 있지만 어떤 부분에서는 아쉬움이 남을 수도 있고, 원망스러운 마음이 들 수도 있다. 그분들도 나름의 최선을 다하셨고, 그 덕분에 지금의 내가 있지만 그래도 서운함이 남는다면 억지로 이해해야 할 의무는 없다.

그렇다고 채워지지 않은 몇 가지 때문에 부모님께서 주신 모두를 부정해서도 안 된다. 있는 그대로를 볼 수 있을 때, 우리는 부모님께 받은 은혜에 몇 가지를 얹어 아이에게 더 나은 것을 물려줄 수 있다.

우리가 부모님께 받은 대부분은 아이에게 전달된다. 부모님께 되갚는 은혜는 열 개 중 한두 가지에 불과하다. 마찬가지로 우리 역시 아이로부터 많은 것을 되돌려 받을 수 없다. 본전을 되찾지 못해도 억울하지 않은 이유는 부모-자녀 관계의 시스템이 근본적으로 대물림의 속성을 갖고 있기 때문이다. 아이는 우리에게 받은 사랑을 다시 자기의 아이에게 잘 전달할 것이다.

은혜를 갚기에 앞서 우리는 부모님을 독립된 개인으로 존중해야 한다. 새로운 가정을 이루고 한 아이의 부모가 된 이상 우리도 언제까지 응석받이 자식으로만 남을 순 없다. 특히 부모님께 육아를 부탁한다면 상황이 여의치 않더라도 책임과 의무를 떠넘겨서는 안 된다. 선택은 온전히 그분들의 몫이다. 의향을 여쭤볼 때는 거절할 자유를 드려야 한다. 거절당했을 때의 막막함은 우리의 문제지, 더 이상 그분들을 탓할 일이 아니다.

심지어 어떤 이들은 부모님이 아이를 봐주며 희생하는데도 불구하고 지식과 정보를 앞세워 양육태도를 지적하며 날을 세운다. 아이에게 큰 영향을 줄 수 있는 문제라면 조심스럽게 바로 잡아야겠지만 그에 앞서 부모님을 이해하고 양보하는 자세가 필요하다.

우리의 부모님은 갱년기를 지나며 몸이 약해지고, 사회에서 은퇴하는 시점에 있다. 에릭슨에 따르면 이 시기의 과업은 지나온 시간을 돌아보며 삶의 의미를 발견하는 것이다. 의미를 찾으면 전 생애를 통합하며 죽음을 수용할 수 있지만 그렇지 못한 사람은 깊은 절망감에 빠진다. 이 단계를 아무리 건강하게 보내더라도 자신의 존재감이 흐릿해지고 삶의 끝을 향해 가는 길은 누구에게나 두렵고 고통스럽다.

우리는 미약하게나마 노년기에 접어든 부모님을 이해하고 돌봐야 한다. 부모님께 젊은 부모와 같은 육아를 바라기는 어렵다. 부모님께서는 그분들만의 지혜와 나름의 방식으로 아이를 키우신다. 손주를 사랑하는 마음이 크다 보니 다소 허용적인 양육을 하시지만 거기에도 분명 장점이 있다. 방식이 조금 달라도 기본적으로 감사하는 마음을 물심양면 표현해드려야 한다. 이제는 자식 돌보기뿐 아니라 종종 부모님을 살피는 것도 우리의 역할이다.

많은 사람이 가족을 소중하다고 말하면서도 정작 함부로 대하는 경우가 많다. 가깝다는 이유에서다. 그러나 가깝다는 것이 함부로 해도 된다는 의미는 아니다. 남에게 예의를 차리듯 가족에게도 그만큼 예의를 갖춰야 한다. 한 번 지나치고 말 사람에게 좋은 인상을 남기기보다 소중한 내 가족과 기분 좋고 행복한 추억을 남기는 일이 몇 곱절 더 중요하다.

건강한 가족 안에서 아이는 행복하게 자란다. 그리고 행복한 아이가 더 나은 세상을 만들어 갈 것이다.

에릭슨의 심리·사회적 발달단계

단계	연령	특징
신뢰감 vs 불신감	출생 ~ 18개월	엄마의 돌봄을 받으며 자신과 대상, 세상에 대한 관념을 형성하는 시기. 아이의 욕구를 기민하게 충족해주면 신뢰감이 형성되고, 그렇지 못한 경우 불신감이 생긴다. 이때의 신뢰감이 이후 모든 관계에 영향을 주기 때문에 가장 중요한 시기로 꼽힌다. 그러나 에릭슨은 신뢰감만을 키우기보다 신뢰와 불신 사이의 균형이 더 중요하다고 보았다.

자율성 vs 수치심	18개월 ~ 36개월	외부세계와 직접 접촉하고 몇 가지 충동 중 한 가지를 선택하며 의지를 갖는 시기. 자기주장을 존중받고, 자신을 조절할 수 있는 환경에서 아이는 자율성을 형성한다. 배변 훈련과 같은 사회화 과정에서 심한 갈등을 겪거나 성공적인 경험을 하지 못하면 수치심을 느끼고 자기 능력에 회의감이 생긴다.
주도성 vs 죄책감	3~6세	새로운 것에 호기심을 갖고 내 것, 내 세계를 구축하는 데 주력하는 시기. 아이의 시도를 격려하고 스스로 해볼 기회를 주면 주도성이 높아지는 반면 과하게 엄한 훈육이나 처벌을 하는 경우 죄책감이 생긴다.
근면성 vs 열등감	6~11세	학교에서 기초지식을 쌓고 또래 관계를 시작하는 시기. 이때의 경험이 자아성장에 결정적 영향을 미친다. 또래 관계 형성과 학습에서 성취동기를 드러내는 아이는 긍정적인 피드백을 받으면서 근면성을 발달시키는 반면 남과 비교당하며 부정적인 피드백을 받으면 열등감이 생긴다.
정체감 vs 정체감 혼란	12세 ~ 18세	어린이와 어른 사이에서 자기 역할과 존재에 대한 고민을 시작하는 시기. 자아정체성이란 자아의 영속성으로서 스스로 생각하는 자아정체성과 객관적인 자아정체성이 일치할 때 정립된다. 이 시기에 성, 직업 영역의 정체감을 발달시키지 못하면 무력감과 혼란스러움을 느끼는 '정체감 위기'에 빠진다. 정체감은 평생에 걸쳐 확립된다.
친밀감 vs 고립감	18세 ~ 24세	공식적인 성인기에 접어들어 직업을 선택하고 이성과 사랑을 나누는 시기. 자아정체감이 확립된 사람은 동료와의 사회적 친밀감과 연인과의 성적 친밀감을 형성하나 그렇지 못한 사람은 피상적 관계에 머물며 공허감과 소외감을 느끼고, 심리적 고립감에 빠진다.
생산성 vs 침체성	24세 ~ 54세	직업 영역에서 성과를 내거나 가정을 이루고 출산하는 등 생산적 활동이 활발해지는 시기. 타인과 인류에 관심을 두고 나눔을 실천하며 다음 세대를 잘 길러내면 만족감을 느낀다. 그렇지 못할 땐 허망함을 느끼며 타인에 대한 관심이 줄고 관계가 피폐해진다.
통합성 vs 절망감	54세~	노화와 퇴직, 죽음을 가까이에서 경험하며 무력감을 느끼는 시기. 인생을 돌아보며 의미를 발견하고 통합하면 지나온 삶에 만족하며 죽음을 수용할 지혜를 얻지만 그렇지 못한 경우 후회와 두려움, 절망감에 빠진다.

좋은 부모 되기에 마감은 없다

부모로 성장해가는 과정은 상당히 답답하다. 이 책을 포함해 대부분 육아서에는 정답만 가득 쓰여 있고, 선배 부모들은 하나같이 시간이 갈수록 더 힘들어진다며 자꾸만 겁을 준다. 초보 부모는 정답으로 쌓인 높은 벽이 갑갑하기만 하다. 선배들의 얄미운 미소엔 괜한 오기도 생긴다.

육아를 시작하면서 대다수 초보 부모가 아이를 존중하고 화를 내지 않겠다고 다짐한다. 미디어에서 부모가 아이를 학대했다는 기사를 볼 때면 이 작은 몸에 때릴 데가 어디 있느냐며 거센 비난을 쏟는다. 공부 때문에 갈등하는 부모-자녀를 보면서는 이 땅의 교육행태를 비판하고, 우리는 자유로운 환경에서 진정한 교육을 하겠노라 의지를 다진다.

그러나 육아를 시작하고 한 달도 안 돼 대부분 첫 번째 목표가 깨지고, 유치원에 다닐 무렵 두 번째 목표가 깨지며 초등학교에 갈 즈음에는 목표를 세웠던 사실조차 잊어버린다. 선배 부모가 하는 말은 괜한 소리가 아니다. 내 삶 하나도 뜻대로 안 되는 마당에 아이의 삶과 내 삶이 얽히고설키는 육아가 생각대로 되리라는 믿음은 자만이다.

초보 부모는 잘못하고, 실수하고, 자주 틀린다. 무조건 완벽한 부모가 되겠다는 다짐은 부족한 자신을 만났을 때 더 큰 좌절로 돌아온다. 아이에게 품은 환상이 클 때 실망이 크듯, 훌륭한 부모가 되겠다는 환상도 크면 클수록 깊은 수렁을 만든다.

초보 부모의 목표에는 변화가 필요하다. 무조건 틀리지 않기보다는 틀려도 적당히 실망하고 툭툭 털어낼 수 있어야 한다. 그래야 부모로서 부족한 자신을 마주했을 때 크게 무너지지 않고 금세 회복해 바른길을 향한 한 걸음을 다시 내딛을 수 있다.

물론 종종 길을 헤맬 수도 있다. 언젠가 한 엄마가 중학교에 들어간 아들이 방문을 닫고 대화를 안 한다며 상담실을 찾아왔다. 아이는 자기만의 세계가 생기고 독립된 공간이 필요했지만 엄마는 벌컥벌컥 아이의 방문을 열고 싶어 했다. 아이는 시도 때도 없이 자기 공간에 침입해 일거수일투족 잔소리를 하는 엄마가 불편했다.

엄마와 상담을 하며 우리는 함께 새로운 길을 모색했다. 아이의 세계를 존중하고 적당한 거리를 유지해보기로 한 것이다. 한 달이 지나자 조금씩이나마 대화가 이루어지고, 아이가 변화에 대한 만족감을 드러내기도 했다. 그러나 엄마는 이 상황이 탐탁지 않았다. 잔소리가 튀어나오려는 순간이 하루에도 수십 번이었고, 그걸 참을 때마다 속에서는 열불이 났다.

엄마가 물었다. "언제까지 이렇게 노력해야 하나요?" 엄마는 낯선 길에 적응하기 어려웠고, 원래의 길로 돌아가고 싶었다. 그러나 그렇게 돌아가는 건 아이에게 다시 갈등하고 대화를 단절하자는 선전포고를 던지는 셈이다.

좋은 부모가 되는 과정에는 언제까지라는 기한이 없다. 잘못된 길에서 나와 새로운 길을 가면서 아이에게 긍정적인 변화가 생겼다면 힘들어도 그 길에 적응해야 한다. 물론 또 다른 길을 발견할 수도 있다. 다만 이미 틀렸다는 걸 확인하고도 다시 과거로 돌아가는 실수는 하지 말아야 한다.

자식은 마흔이 되도 부모에게는 애라는 말처럼 부모는 일흔, 여든이 되어도 여전히 부모다. 갓 태어난 아이를 돌볼 때와 성인이 된 자식을 대할 때는 많은 차이가 있겠지만 분명히 그때도 나름의 부모 역할이 있다. 겪어보지 않은 지금, 그 역할을 논하기는 어렵지만 생후 초기에 초보 부모로서 어떻게 존재할지 고민하듯, 아이가 어린이집에 갔을 때, 학교에 갔을 때, 성인이 되어 원 가족에서 완전히 독립할 때, 그 아이가 자기만의 가정을 꾸리고 자식을 낳아 부모가 됐을 때, 그렇게 우리가 할머니, 할아버지가 됐을 때도 우리는 부모로서 어떻게 존재할지 종종 걸음을 멈추고 고심해야 한다.

똑같은 사람과 삶이 없듯 부모의 지향점도 모두 조금씩 다르다. 삶에서도, 육아에서도 우리는 정답을 찾으려 애쓰지만 누구에게나 적용이 되는 만능키는 애초에 존재하지 않는다. 인간이 가진 위대함의 절정은 자기 삶의 정답을 스스로 정하는 데 있다.

목표가 부실해 하루가 멀다 이리저리 방황하는 부모와 합리적인 육아 목표를 가진 부모가 제공하는 환경은 천지 차이다. 우리는 올바른 방향을 찾기 위해 여러 육아서와 선배 부모의 조언을 참고하지만 궁극적으로 배워야 할 것은 그들의 정답이 아니라 '그들이 정답을 발견한 과정'이다. 그 방법을 알아야 우리도 피할 것은 피하고, 취할 것은 취하며 우리만의 정답을 세울 수 있다.

물론 옳다고 생각한 답이 시간이 지나면 달리 보일 수도 있다. 우리가 계속 변해가는 존재이듯 우리의 정답도 계속 변해갈 것이다. 분명 더 나은 방향을 향해.

- 첫째는 둘째가 생길 때 큰 상실감을 느끼며 다시 관심을 얻고자 퇴행한다.

- 첫째의 특징은 책임감, 성실함, 강한 독립심이다.

- 첫째에게 양보를 바라기 전에 첫째만이 누릴 수 있는 권한을 줘야 한다.

- 둘째는 첫째와 늘 경쟁하며 적극적이고 도전적인 성격으로 자란다.

- 둘째는 첫째의 그늘에서 벗어나기 위해 첫째와 다른 관심사, 진로, 성격을 형성한다.

- 첫째가 다방면에서 뛰어나면 둘째는 깊은 열등감을 느낀다.

- 막내는 의존성을 극복할 수 있도록 스스로 해볼 기회를 많이 줘야 한다.

- 아이는 부모에게 경쟁심을 느끼고 승리했을 때 자신감을 얻는다.

- 부모는 아이와 경쟁하면서 승자와 패자의 매너를 모두 알려줘야 한다.

- 독서는 읽기보다 소화하는 과정이 중요하다.

- 책에 대한 이야기를 나누다 보면 자연스럽게 아이의 마음을 파악할 수 있다.

- 학습 동기를 강화하려면 생생하게 미래를 내다보고 지나온 과거를 되짚어봐야 한다.

- 어떤 경우에도 폭력의 피해자가 된 아이를 비난해서는 안 된다.

- 공격적인 아이에게는 권선징악에 대한 신념을 심어줘야 한다.

아빠
생각

- 아이의 성장잠재력이 발휘되려면 부모에게 진솔성, 공감, 긍정적 존중과 수용적 태도가 배어 있어야 한다.

- 구체적인 근거를 들어 장점을 발견해주면 성장기 아이의 자신감이 높아진다.

- 초보 부모의 목표는 완벽해지는 게 아니라 실수해도 적당히 실망하고 다시 일어나는 것이다.

- 부모의 노력에는 기한이 없다.

- 책에 나오는 누군가의 정답을 쫓기보다 이를 참고해 자기만의 정답을 세워야 한다.

에필로그

가족의 의미

아내를 처음 가족에게 소개하던 날, 나는 혹시라도 우리 가족이 이른바 시월드라는 텃세를 부리진 않을까 걱정했다. 그러나 어머니께서는 예상을 깨고 손수 떠온 목도리를 선물하며 아내를 환영해주셨다.

 상견례 날에도 나는 내심 괜한 기싸움이 벌어지지 않을까 우려했다. 하지만 그날의 조심스러운 분위기는 서로에 대한 배려로 금세 편안해졌고, 양가 어른들은 모두 우리를 믿고 지지해주셨다. 그날 알았다. 우리 가족은 내 생각보다 훨씬 더 훌륭한 분들이셨다.

 어릴 적 존경하는 인물을 물으면 나는 언제나 어머니라고 답했다. 그때는 왜 그랬는지 잘 몰랐는데 이제는 알 것 같다. 아빠가 되고 보니 한 가정을 꾸리는 게 얼마나 힘든 일인지 알았고, 아빠가 되어 보니 부모의 고민이 얼마나 깊은지 알았다. 그리고 아빠가 되어서야 비로소 어릴 적 돌아가신 아빠의 빈자리를 실감하며 우리 엄마가 홀로 얼마나 두렵고 힘든 날들을 보내셨을지 알았다.

 어린 날의 나도 그 고단함을 어렴풋 짐작해 이를 견디며 우리 남매를 보들어 주신 어머니를 자연스레 존경했던 것 같다. 그렇게 애쓰시고도 어머니께서는 예나 지금이나 더 많이 못해줘 속상해하신다. 어린 마음에는 더 받고 싶기도 했지만 지금은 아쉬움이 없다. 어머니께 사랑하며 사는 법을 배웠고, 그 덕에 행복을 누리고 있기에 진심으로 감사하는 마음이 훨씬 크다.

결혼이 임박할 즈음 가족에게 손을 벌리는 상황이 미안해 의기소침해져 있던 내게 평생 아버지를 대신해주셨던 삼촌이 말씀하셨다.

"부끄러울 수 있지만 당당하게 부끄러워하면 좋겠다. 나중에 충분히 보답하면 되지 않겠니?"

그렇게 말해주며 꽉 안아주신 삼촌이 계셨기에 나는 건강한 마음을 되찾을 수 있었다.

결혼하고 얼마 되지 않은 어느 날, 아내, 장모님과 함께 만원 엘리베이터에 탄 적이 있었다. 사람이 많아 다닥다닥 붙어있었는데 7층에서 1층으로 오는 내내 장모님이 아내를 꼭 끌어안고 계셨다. 그 모습을 보고 한 아주머니께서 부러운 듯 말씀하셨다.

"그렇게 좋아요? 나는 생전 우리 딸을 그렇게 안아본 적이 없네……."

장모님께서 답하셨다.

"좋지요~ 우리 딸이 얼마나 예쁜데."

장인, 장모님은 언제나 사람을 귀하게 여기셨다. 오는 사람에게는 아낌없이 주셨고, 가는 사람은 대문 밖까지 나와 보이지 않을 때까지 배웅하셨다. 아내를 비롯해 처제, 처남이 어찌 그리 예쁘고 바르게 컸는지 안 봐도 알 수 있었다.
아기를 낳고 우리보다 아이에게 더 잘하는 사람은 우리 누나다. 어릴 적엔 몰랐는데 크고 보니 누나만큼 착하고 예쁜 사람이 없다. 고약하고 어리석었던 어린 시절, 누나에게 상처 줬던 시간이 종종 후회되고 미안하다. 평생 가까이에서 누나의 예쁜 미소를 보고, 서로 의지하며 살고 싶다.
책을 쓰는 시간은 나와 가족에 대한 회고였다. 덕분에 스쳐 지나갔던 순간들에 머무르고 의미를 되새길 수 있어 좋았다. 가장 큰 발견은 좋은 가족이 우리를 있게 했다는 사실이다. 그게 내 글과 그림의 시작이었다.
부모, 그중에서도 남편의 역할이 무엇일까 고민하며 나름의 목표를 세웠지만 지키기가 쉽지 않았다. 부족한 남편이자 아빠로서 불일치한 언행이 부끄러워 글을 쓰다 말고 설거지를 하러 간 날도 여러 번이었다.

그렇게 완성한 책은 두꺼운 서약서가 됐다. 지키지 못하는 날엔 아내와 아이의 눈빛이 매섭게 느껴지고, 그전에 내 마음부터 불편해질 것 같다. 혼자 당하기 억울해 이 책을 읽는 남편을 위한 서명란을 하나씩 넣을까도 고민했지만 그보단 각자 아내에게 손편지 한 통씩 쓰는 편이 나을 듯해 못된 마음을 고쳐먹었다.

몇 해 전 누군가 내게 왜 책을 쓰려 하느냐고 물었다. 솔직히 뭐라고 확실한 답을 할 수가 없었다. 어릴 적 돌멩이를 그냥 주워왔던 것처럼 마음이 이끄는 대로 오다 보니 그림을 그리고 글을 썼고, 인연이 되어 출판으로 이어졌다. 부족한 글의 가능성을 보고 함께 가치를 더해주신 이순엽 편집장님과 김태영 대표님, 어려운 부탁에도 기꺼이 응원의 글을 보내주신 김선희 교수님, 정환욱 원장님, 신호승 이사장님, 최두영 선배님, 이병재 변호사님, 김무영 작가님, 태영철 교장 선생님께 진심으로 감사드리며 마지막으로 가족에게 전하는 짧은 인사로 책을 마치고자 한다.

가족에게 드리는 편지

사랑하는 어머니, 아버지

어머니, 아버지 덕에 지금의 제가 있습니다. 지금부터 열심히 갚아도 평생 받은 사랑에 모두 보답할 수 없으니, 짐이 된다 생각지 마시고 더 많이 의지하고 부대끼며 더불어 살아가길 바랍니다. 여전히 마음과 다르게 툭툭 튀어나오는 말로 상처를 드리고, 돌아오는 길에 후회하는 어리석은 날도 많습니다. 진심을 알아주시리라 믿고, 저도 더 현명해지기 위해 노력하겠습니다. 사랑합니다.

사랑하는 누나

어릴 적부터 늘 챙겨주고 품어준 착한 우리 누나! 크고 보니 누나란 사람들이 다들 우리 누나처럼 착하지 않다는 사실을 알았습니다. 어린 마음에 속상하게 한 적도 많았는데 그래도 힘들어하면 손을 잡아주고 마음을 위로해준 누나에게 진심으로 고맙습니다. 어디 한 군데 흠잡을 데 없는 우리 누나가 정말 자랑스럽고, 앞으로도 누나의 앞날에 즐겁고 행복한 일이 많으리라 믿습니다. 사랑합니다.

사랑하는 장인, 장모님

결혼을 결심하고 란이의 형제들과 장인어른, 장모님을 만나 뵈면서 그 마음이 더 굳건해졌습니다. 언제 만나도 환한 웃음으로 맞아주시고, 부족한 사위를 믿어주시고, 늘 예를 갖춰 대해주셔서 정말 감사드립니다. 언젠가 두 분처럼 아이를 키우고 싶다고 말씀드렸듯이 힘들어도 아이를 먼저 생각하고 사랑을 듬뿍 주며 살겠습니다. 좋은 부모의 모습을 가르쳐주셔서 감사합니다. 사랑합니다.

갈수록 예뻐지는 우리 딸 다은아!

네가 이 글을 읽을 즈음에는 얼마나 더 예뻐져 있을지 모르겠다. 네가 없었다면 아빠는 지금처럼 마음이 따뜻해지지 못했을 것이고, 네가 없었다면 지금보다 웃을 일도 훨씬 적었을 거야. 그리고 이 책도 세상에 나올 수 없었겠지.

 네가 커갈 모습을 상상하면 지금도 가슴이 뛰고 너무나 설렌다. 좋은 일만 가득했으면 좋겠지만 세상일이 다 내 맘 같지는 않아서, 때로는 힘들 때도 있고 마음이 아픈 날도 오겠지. 그럴 때 늘 네 곁에서 네 편이 되기 위해 노력하는 아빠가 될게. 물론 아빠도 부족하고 실수할 때가 많을 거야. 그럴 땐 이 책을 보여주며 아빠가 잊고 있는 것들을 다시 알려주렴.

 아빠의 진짜 소망은 뭐니 뭐니 해도 네가 행복한 거란다. 누구를 만나고 어떤 일을 하든 네가 행복하면 그걸로 충분해. 너는 행복할 자격이 있고, 그럴 수 있는 사람이다. 사랑한다. 아주 많이.

이 책을 함께 쓴 사랑하는 아내 란에게

처음 당신을 본 순간 나는 우리가 가까워질 거라 믿었고, 당신을 떠올리며 좀 더 나은 사람이 되어야겠다는 생각이 든 날, 평생 당신과 함께해야겠다고 결심했습니다.

 부부의 연을 맺고, 아이를 낳고, 당신이 나보다 더 크고 훌륭한 사람이라는 것을 문득문득 실감합니다. 그리고 여전히 당신을 떠올리며 조금 더 좋은 사람이자 남편이 되고 싶고, 또 더 좋은 아빠가 되고 싶습니다. 아직은 많이 부족해 미안한 날이 많지만 평생 노력하겠습니다.

 앞으로 우리가 함께할 시간에 어떤 일들이 펼쳐질지 모르겠지만 오래오래 두 손 마주 잡고 지금처럼 사랑합시다. 란아, 오늘도 고맙고, 사랑해!

참고문헌

김건오, 《똑똑하고 건강한 첫 임신 출산 육아》(개정판), 리스컴, 2016.
김정규, 《게슈탈트 심리치료》(2판), 학지사, 2015.
노경선, 《아이를 잘 키운다는 것》, 예담Friend, 2007.
도현심, 《첫 부모역할 책》, 지식채널, 2012.
박경순, 《엄마교과서》, 비룡소, 2015.
박아청, 《정체감 연구의 전망과 과제》, 학지사, 2003.
삼성출판사 편집부, 《임신 출산 육아 대백과》(개정판), 삼성출판사, 2016.
유효순·원혜경·김정희, 《영아발달》, 창지사, 2013.
EBS 제작팀, 《아기 성장 보고서》, 예담, 2009.
EBS 제작팀, 《EBS 다큐프라임 퍼펙트 베이비》, 와이즈베리, 2013.
정옥분·정순화, 《부모교육》(2판), 학지사, 2016.
알프레드 아들러 저, 김문성 역, 《아들러 심리학 입문》, 스타북스, 2015.
앨런 M. 시걸 저, 권명수 역, 《하인즈 코헛과 자기 심리학》, 한국심리치료연구소, 2002.
칼 로저스 저, 오제은 역, 《칼 로저스의 사람-중심 상담》, 학지사, 2007.
캐롤 L. 에델만 저, 홍경자·김혜원·안혜영 역, 《인간발달과 건강증진》, 현문사, 2008.
찰스 H. 지나 Jr. 저, 이경숙·염현경 외 역, 《영유아 정신병리 핸드북》, 학지사, 2010.
에리히 프롬 저, 황문수 역, 《사랑의 기술》, 문예출판사, 2006.
제럴드 코리 저, 조현춘·조현재 외 역, 《심리상담과 치료의 이론과 실제》(개정판), 2012.
해티 판 더 레이트·프란스 X. 프로에이 저, 유영미 역, 《엄마 나는 자라고 있어요》, 북폴리오, 2012.
호메로스 저, 임명현 역, 《오디세이아》, 돋을새김, 2015.
제레미 홈스 저, 이경숙 역, 《존 볼비와 애착이론》, 학지사, 2005.
존 J. 메디나 저, 최성애 역, 《베이비 브레인》, 프런티어, 2011.

로더밀크 D. 레오나르드·페리 E. 섀년 외 저, 유은광·김명희·안숙희 역, 《모성·여성건강간호학 I》, 현문사, 2015.

마가렛 S. 말러 저, 이재훈 역, 《유아의 심리적 탄생》, 한국심리치료연구소, 1997.

마고 선더랜드 저, 노혜숙 역, 《육아는 과학이다》, 프리미엄북스, 2009.

리처드 도킨스 저, 홍영남 역, 《이기적 유전자》, 을유문화사, 2002.

로버트 V. 케일 저, 권민균·김정민·최형성 역, 《아동과 발달》, 시그마프레스, 2008.

스테판 A. 밋첼·마가렛 J. 블랙 저, 이재훈·이해리 역, 《프로이트 이후》, 한국심리치료연구소, 2000.

티파니 필드 저, 박성연·이영 역, 《영아기 발달》, 이화여자대학교출판문화원, 1997.

교육부·한국교육개발원, 〈2014년 1차 학교폭력 실태조사 결과〉, 2014.

교육부·한국교육개발원·한국교육학술정보원, 〈2016년 2차 학교폭력 실태조사 결과〉, 2016.

보건복지부·한국보건사회연구원, 〈증가하는 결혼·양육비용에 대응한 지원대책 마련 추진〉, 2012.

윤지향·정인숙, 〈대한간호학회지〉, 43(2), 2013.

인구보건복지협회, 〈우리나라 산모 90.5% "산후우울감 느낀 적 있다"〉, 2015.

한국보건사회연구원, 〈2015년 전국 출산력 및 가족보건·복지 실태조사〉, 2015.

Bonnie Rochman, 〈TIME〉, June 28, 2011.

Cynthia G. Colen·David M. Ramey, 〈Social Science & Medicine〉, 109, 55-65, 2014.

Diane Rado, 〈Chicago Tribune〉, Mar 06, 2005.

James Geary, 〈TIME〉, Mar 13, 2000.

Pam Belluck, 〈The NewYork Times〉, Jan 26, 2016.

Adams SS·Eberhard-Gran M·Eskild A, 〈BJOG〉, 119(10), 1238-1246, 2012.